FELIX

Die Fundgrube

Die Klassenarbeiten 1

C. C. Buchner

FELIX
Die Fundgrube

Herausgegeben von Clement Utz, Regensburg, und
Prof. Dr. Klaus Westphalen, Garmisch-Partenkirchen

FELIX – Die Klassenarbeiten 1
wurden zusammengestellt und redigiert von Ulrich Tipp, Fürth.

Über weitere Ideen in **FELIX - Die Fundgrube** informiert Sie
C.C. Buchners Verlag, Postfach 1269, D 96003 Bamberg.

3. Auflage 3 [8 7 6 5 4 3 2] 2012 11 10 09 08
Die letzte Zahl bedeutet das Jahr dieses Druckes.
Alle Drucke dieser Auflage sind, weil untereinander unverändert, nebeneinander benutzbar.

Dieses Werk folgt der reformierten Rechtschreibung und Zeichensetzung. Ausnahmen bilden Texte, bei denen künstlerische, philologische oder lizenzrechtliche Gründe einer Änderung entgegenstehen.

www.ccbuchner.de
Gesamtherstellung: Druckerei Bussard, Gundelsheim www.bussard.de

ISBN 978-3-7661-5224-4

Vorwort

In diesem Heft sind Klassenarbeiten zu FELIX aus verschiedenen Bundesländern zusammengestellt. Um einen unverfälschten Einblick in die unterschiedlichen Gestaltungsmöglichkeiten von Klassenarbeiten beim Unterricht mit FELIX zu geben, wurden die Aufgaben im Original belassen. Es wurden lediglich geringfügige Veränderungen zur Vereinheitlichung der äußeren Form und Korrekturen gelegentlicher Versehen vorgenommen.

Wir hoffen, dass gerade die Vielfalt dieser Sammlung mannigfaltige Anregungen für die Erstellung und Vorbereitung von Klassenarbeiten – auch im Rahmen verschiedener administrativer Vorgaben – bietet.
Auch interessierte Schüler werden in dieser „Fundgrube" Material für ihre Vorbereitung auf Prüfungen finden.

Fragen, deren Beantwortung die Kenntnis des vorausgegangenen Unterrichts voraussetzt, wurden bei den Lösungen nicht bearbeitet.

Allen Lateinlehrerinnen und Lateinlehrern, die uns ihre Klassenarbeiten zur Veröffentlichung zur Verfügung gestellt haben, danken wir an dieser Stelle ganz herzlich.

Mit Hilfe der folgenden Übersicht können die Klassenarbeiten zu FELIX A auch den Lektionen von FELIX B zugeordnet werden:

FELIX A	2	3	4	5	6	7	8	9	10	11	12
FELIX B	2	3	4	5	7	8	9	10	12	13	14

FELIX A	13	14	15	16	17	18	19	20	21	22	23
FELIX B	15	16	18	19	20	21	22	24	25	26	27

FELIX A	24	25	26	27	28	29	30	31	32	33	34
FELIX B	28	29	31	32	33	34	35	38	39	40	41

Klassenarbeit nach Lektion 2

1. *Übersetze:*

Hic basilica est. Portae patent. Praetor iam prope sedet et iudicat. Ubique servi et servae properant. Advocati clamant et disputant. Populus circumstat. Nunc Marcus et Claudia accedunt et salutant: „Salve!“

....

....

....

....

....

2. *Bilde den Plural und übersetze:*

a) mercator ....

b) taberna ....

c) templum ....

d) intrat ....

e) est ....

f) sedet ....

3. *Bilde den Singular und übersetze:*

a) statuae ....

b) senatores ....

c) argentarii ....

d) stant ....

e) accedunt ....

f) patent ....

Klassenarbeit nach Lektion 3

1. *Übersetze:*

Auf dem Forum Romanum

Hic forum est. Ubique domini et dominae, servi et servae properant. Mercatores clamant. Neque argentarii neque aurarii desunt.

Ibi curia est. Portae iam patent. Sed senatores non intrant; stant et disputant.

Ibi basilica est. Praetor prope sedet et iudicat. Populus accedit et circumstat.

Nunc Marcus accedit et vocat: "Propera, Claudia, et vide!"

Claudia appropinquat. Salutat: "Salve, Marce!" Amicus et amica circumspectant et gaudent.

2. *Bilde aus folgendem Durcheinander ("Wortsalat") einen sinnvollen lateinischen Satz und übersetze ihn:*
   "Salve!" - et - salutat - accedit - Claudia - nunc

3. *Vervollständige folgende Sätze:*
   - Hic templ_____ sunt, ibi statu_____ sunt.
   - Mercator: "Appropinqu_____, domini et matron_____!"

4. *Wo ist das "Kuckucksei"?*
   serva - domina - porta - propera - statua - matrona - basilica

5. *Verwandle in den Plural:*
   - Amica salutat.
   - Mercator accedit.
   - Praetor prope sedet.

6. *Von welchem lateinischen Wort lassen sich jeweils folgende Fremdwörter ableiten?*
   populär - servil - dominieren - Vokal

7. *Warum ist die Übersetzung von "Forum" (Romanum) mit "Marktplatz" eigentlich unzureichend?*

Klassenarbeiten nach Lektion 4

4.1 Beim Goldschmied

Übersetze:

Aurarius vocat: "Accedite, domini, spectate, matronae! Ecce, hic aurum et argentum non desunt. Quam splendent!" Et Claudia appropinquat. Nam anulum quaerit. Sed subito anulum non iam videt. Ubi anulus est? Aurarius servos, Claudia amicas vocat. Neque servi neque amicae anulum vident. Tum Marcus anulum apportat. Nam Claudiam libenter[1] illudit[2].

1) libenter *gern* 2) illudit *(er, sie, es) neckt, ärgert*

Aufgaben zum Text:

1. *Suche einen Nominativ der o-Deklination.*
2. *Suche einen Akkusativ Plural der a-Deklination.*
3. *Wer oder was ist Subjekt zu:* non iam videt *(Zeile 4)?*
4. *Wer oder was ist Objekt zu:* illudit *(Zeile 7)?*
   freiwillig:
5. *Welcher Kasus ist* domini *(Zeile 1)?*
6. *Was hat Markus während der Szene höchstwahrscheinlich gemacht?*

4.2 *Übersetze:*

Claudia et Marcus tabernam vident. Mercator vocat: "Accedite, amici! Videte: Hic anuli[1] et armillae[2] iacent, ibi catenae[3]." Intrant et mercatorem salutant. Claudia intus miracula spectat et gaudet.

1) anulus *Ring* 2) armilla *Armband* 3) catena *Kette*

Aufgaben:

1. *Übersetze ins Deutsche*
2. *ZUSATZ: a) Schreibe alle im Text vorkommenden Substantive (außer Namen) hin, und bestimme ihren Numerus und ihren Kasus.*
   b) Welche Wörter des Textes sind I Subjekte,
   II Objekte? (hinschreiben!)

4.3 Ein früher Morgen in Rom

Forum iam patet. Mercatores stant et clamant. Domini et dominae circumspectant. Nunc Claudia et Marcus appropinq_____. Prope aurarius stat. Ibi aurum et argentum fulgent[1]. Matronae acced_____ et spectant. Quid vident? Intus miracula sunt! Et Claudia tabernam pet_____, nam catenam quaerit. Ecce! Hic caten_____ iacet. Quam fulget! Claudia non iam tolerat, sed statim tabern_____ intrat. Et Marcus accedit. Aurarius salutat: "Salvete!" Marcus *(sagt)*: "Adiuva Claudiam, nam catenam[2] quaerit!" Sed Claudia vocat: "Hic est miraculum. Da catenam!"

(Sie hat also schon gefunden, was sie suchte. Nur der arme Marcus darf mal wieder bezahlen ...)

1) fulget *(er, sie, es) funkelt, glänzt* 2) catena *Kette*

Aufgaben:

1. *Füge die fehlenden Endungen ein.*
2. *Übersetze die Geschichte.*
3. *Schreibe bei den folgenden Nomina jeweils den Akkusativ dahinter:*

lectica ....

locus ....

dominus ....

monumentum ....

praetor ....

Klassenarbeiten nach Lektion 5

5.1 Marcus geht mit Claudia auf dem Forum spazieren

Marcus adhuc cum Claudia in foro est. Dum forum, basilicam, monumenta spectant, servi cum lectica appropinquant. Apportant L. Calvisium senatorem. Clamant: "Date locum! Da locum et tu[1]! Nam senator curiam petit." Deponunt ad curiam lecticam, senator curiam intrat. Dum curiam intrat, dominos et senatores salutat. Subito autem tacet. Cur tacet? Videt profecto haec[2] signa et verba: ...

1) tu *du* 2) haec *bezogen auf* signa *"folgende"*

Aufgaben:

1. *Zitiere die Worte des Graffito am besten lateinisch, sonst deutsch.*
2. *Wie heißen die dir bekannten* fora *der Kaufleute in Rom?*
3. *Schleudere:*

A. templa	Nom.	Abl.	Sing.	Nom.	Abl.	Akk.
B. mercatores	Abl.	Nom.	Sing.	Abl.	Akk.	Plu.

4. *Wer macht was? Bestimme die Satzteile:*
   A. Senatores in curia praetores salutant.
   B. Mercatores in foro negotia agunt.

5.2 Senator cum servis appropinquat. Tum Marcus clamat: "Specta senatorem, amica! Ubi sunt comae? Ecce! Calvisius comas[1] quaerit."
Senator a foro in curiam properat. Nam ludibrium non iam tolerat.

1) coma *Haar*

Aufgaben:

1. *Übersetze ins Deutsche*
2. ZUSATZ: a) *Schreibe alle im Text vorkommenden Substantive (außer Namen) hin, und bestimme ihren Numerus und ihren Kasus.*
   b) *Welche Wörter des Textes sind I Subjekte,*
   II Objekte? (hinschreiben!)

5.3 *Aufgaben:*

1. *Setze die Präpositionen und die Nomina passend zusammen und übersetze dann.*
   Alle Wörter sollen verwendet werden!
   in / in / ad / cum / ex / ab   via / taberna / saccus / lectica / praetor / basilica

2. *Bilde von den Verben die entsprechenden Formen:*

acceditis:	studere	trepidare	parere	reprehendere	agere
	________	________	________	________	________
	liberare	stupere	petere	sedere	probare
	________	________	________	________	________
emimus:	discedere	descendere	retinere	probare	monere
	________	________	________	________	________
	placare	quaerere	deponere	parere	dubitare
	________	________	________	________	________

3. *Übersetze:*

Ein aufregender Einkauf

Marcus Licinius ad aurarium accedit: "Salve, Tite! Armillam[1] quaero, nam Claudia amica armillas amat[2]. Monstra aurum et argentum!" - Titus armillam in mensa comprehendit et monstrat: "Ecce, quam splendet[3]! Miraculum est!" Marcus Licinius armillam probat, sed subito servus accurrit[4], Marcum violat, armillam comprehendit et iam e taberna excurrit[5]. Titus et Marcus stupent, tum clamant: "Servus fur[6] est! Armilla deest! Comprehendite furem[6]!" Sed servus cum armilla iam in templo est.

1) armilla *Armreif* 2) amare (amicus) *gerne mögen, lieben* 3) splendere *funkeln, glänzen*
4) accurrere *herbeilaufen* 5) excurrere *rauslaufen* 6) fur *Dieb*

4. *Zusatzaufgabe!* Sie darf erst bearbeitet werden, wenn alles Vorige fertig und durchgesehen ist!
   Mache aus dem Wortsalat einen Satz und übersetze ihn:
   intrat cum tabernam ad Claudia et Marco descendit forum

Klassenarbeiten nach Lektion 6

6.1 1. *Übersetze:*

Eine Szene am Rande des Forums

Marcus et Claudia in forum descendunt. Domini et servi, senatores et mercatores properant. Negotia agunt. Subito populus tacet. Nam Cornelia Vestalis appropinquat. Marcus et Claudia salutant et locum dant. Cornelia ad templum Vestae ascendit. Ibi cum diligentia flammas in ara servat. Nam Vesta dea in flammis adest. Deam neglegentia violare non debet.

Subito servus ad templum accurrit (herbeilaufen). Dominus servum comprehendere studet. Dominus clamat: "Servus fur est!" Sed servus clamat: "Adiuva, Cornelia!" Cornelia servum a domino liberat, dominum verbis placare studet. Dominus parere non dubitat, servum dimittit.

2. *Ergänze mit einem passenden Präpositionalausdruck (= Adverbiale)*
   1. Mercatores (forum) clamant.
   2. Manlius senator (Cassius senator) curiam intrat.
   3. Mulli (mensae) iacent.
   4. Servus saccos et urnas (tabernae) (domicilium) portat.

3. *Wo ist der "Irrläufer"?*
   mensa - via - amica - templa - porta

4. *Bilde die Infinitive zu:*
   debet - properant - est - dimittit

5. *Welche Rolle spielt im antiken Rom eine Vestalin? (Wie erklärt sich das Verhalten des "servus", wie das des "dominus" in obiger Geschichte?)*

6.2 *Die Vesta-Priesterin Cornelia hat den Vesta-Tempel verlassen und geht auf dem Forum einher. Plötzlich aber geschieht etwas Unvorhergesehenes:*

Ecce[1]: Ibi M. Licinius Calvisius senator cum praetore et advocatis accedit et clamat: "Comprehendite Corneliam! Nam deam Vestam violat, dum in foro cum mercatoribus disputat neque flammas in templo servat. Flammae in ara non iam ardent[2]. Dea autem neglegentiam non tolerat." Cornelia statim suppliciis deam vocat: "Adiuva servam tuam[3]! Nam negotia semper[4] cum diligentia agit." Tum tacet, lictores autem Corneliam comprehendunt et ad basilicam discedunt. Nunc in carcere[5] sedet et supplicium exspectat[6]. (73 W)

1) ecce! *schau an; sieh da!* 2) ardere *brennen* 3) tuam *deine* 4) semper *immer*
5) carcer, carceris *m Kerker, Verließ* 6) exspectare *erwarten*

Aufgaben:

A *Übersetze den lateinischen Text! Achte dabei auf die richtige deutsche Wortstellung! (73 P)*

B Grammatik:

1. *Nenne zu folgenden Verbformen den Infinitiv und die Konjugationsklasse! (5 P)*
   a) violat, b) ascendunt, c) stude, d) comprehende, e) tacet.
2. *Bestimme Kasus (Fall), Genus (Geschlecht) und Numerus (Anzahl)! (5 P)*
   a) flammis, b) loci, c) servis (2), d) praetorem.
3. *Kuckuckseier: Unterstreiche das Wort, das nicht zu den anderen passt, und begründe kurz deine Entscheidung: (6 P)*
   a) praetore, fure, emere, mercatoribus
   ____
   b) videre, quaerere, retinere, monere
   ____
   c) fure, quaere, pare, tolera
   ____
4. *Nenne aus dem Text drei Ablative; an welcher Frage erkennst du sie? (6 P)*

C Zum Inhalt:

1. *Nenne drei Gründe, warum die Römer dem Feuer einen Tempel errichteten. (3 P)*
2. *Welche besondere Bedingung kennzeichnet das Leben einer Vestalin? (2 P)*

Fortsetzung →

3. ZUSATZ: a) Welchen Gegenstand trägt ein Liktor bei sich? Was kann er damit tun?
b) Gibt es eine weibliche "Berufsgruppe", die mit den Vesta-Priesterinnen vergleichbar sind? Wie heißen sie und inwiefern sind sie vergleichbar?

6.3 Der Sklave Davus

Übersetze:

Davus servus est. Semper[1] parere debet. Nam dominus Davum monere non dubitat: "Propera in forum, Dave! Apporta frumentum!" Saepe[2] Davum verbis duris[3] reprehendit. Dum dominus clamat, Davus tacet. Negotia neglegentia agere non debet.

Hodie[4] et dominus et Davus in foro sunt. Dominus clamat: "Davus fur est. Comprehendite servum, mercatores!" Tum Cornelia intercedit et Davum a domino liberat.

1) semper *immer* 2) saepe *oft* 3) durus *hart, hartherzig* 4) hodie *heute*

Aufgaben zum Text:

Gib die Zeilennummern bei Antworten an!

1. *Suche einen Imperativ und nenne seine Konjugation!*
2. *Suche einen Ablativ ohne Präposition, der als Adverbiale benutzt wird.*
3. *Frage mit einem deutschen Fragesatz nach* Davum *(Zeile 3)!*
4. *Welches Satzglied ist:* agere non debet *(Zeile 4/5)?*
   freiwillig:
5. *Bestimme Kasus, Numerus und Genus von:* negotia *(Zeile 4) und* Cornelia *(Zeile 8).*
6. *Woran liegt es, dass Cornelia so erfolgreich* intercedere *und* liberare *kann?*

Klassenarbeiten nach Lektion 7

7.1 An den Saturnalien

Marcus ad forum Romanum descendit. Nam Claudiam catena donare in animo habet. Ecce[1]: Iam Titus aurarius vocat: "Salve, Marce! Quid quaeris? Visne[2] Claudiam ornamento donare? Accede! Miracula monstro."
Marcus: "Salve, Tite! Nunc Saturnalia[3] sunt. Itaque catenam emere in animo habeo. Saturnalibus[4] amici amicas donant."
Titus: "Bene[5] agis. Si[6] amicam amas, aurum emis."
Subito Claudia accedit et clamat: "Heus[7], Marce! Catenam emere non debes. Aurum non desidero. Nam Titus fur est." (70 W)

1) ecce! *sieh da!* 2) visne? *willst du?* 3) Saturnalia *Saturnalien (Fest zu Ehren des Gottes Saturn)* 4) Saturnalibus *an den Saturnalien (an dem Fest)* 5) bene *gut* 6) si *wenn* 7) heus! *he!*

Aufgaben:

A *Übersetze den lateinischen Text in schöne deutsche Sätze! (70 P)*

B Grammatik:

1. *Nenne je eine deutsche Bedeutung zu folgenden Wörtern: (5 P)*
   a) parere; b) debere; c) diligentia; d) studere; e) placare
2. *Konjugiere lateinisch folgende Wörter (Bilde die Formenreihe)! (6 P)*
   a) monere; b) placare
3. *Bei welchen der folgenden Wörter handelt es sich um Verbformen? Unterstreiche sie ordentlich und deutlich! (5 P)*
   apportas - portam - amico - amo - emo - deo - servum - servo - templis - gaudetis - senatores - pares

C Inhalt: *Beantworte die Fragen in ganzen Sätzen!*

1. *Inwiefern ist das Saturnalienfest eine verkehrte Welt? (3 P)*
2. *Warum war der Tag für Marcus und die anderen römischen Jungen so angenehm? (2 P)*
3. *ZUSATZ: In L 7 sagt der eine Käufer "Croesus non sum.". Übersetze den Satz und erläutere, was der Käufer damit meint. (+ P)*

7.2 *Nach dem Besuch des Vestatempels gehen Marcus und Claudia weiter auf dem Forum spazieren:*

Marcus cum amica adhuc in foro est. Nunc iterum ad tabernas descendunt. Nam Claudia non monumentis, sed miraculis gaudet. Marcus etiam in animo habet amicam ornamento donare. Itaque ad aurarium Titum accedunt.

Titus: "Salvete, domini! Quid desideratis?"

Marcus: "In animo habeo amicam catena donare".

Titus: "Pecuniam bene impendis, domine, si amicam donas."

Titus catenam ostendit et Marcus pretium ab aurario quaerit - et perhorrescit. Clamat et aurarium verbis violat. (78 W)

Aufgaben:

1. *Gliedere den Text und gib kurze Stichwörter zum Inhalt der einzelnen Abschnitte.*
2. *Übersetze den Text.*
3. *Schleudere:*

A. petis	Pl.	1. Pers.	Sing.	3. Pers.	Plur.
B. videmus	Sing.	2. Pers.	Plur.	3. Pers.	Sing.

4. *Bestimme die Satzglieder:*

   A. Marcus desiderat amicam catena donare.

   B. Ibi Titus miracula ostendit.

Klassenarbeiten nach Lektion 8

8.1 Marcus: "Titum mercatorem audio; in taberna ornamenta ostendit." Vocat: "Cur non emitis, domini et dominae? Ornamenta miracula sunt!" Et senex vocem audit et venit; spectat; pretium videt. Tum vocat: "Tite, fraude pecuniam quaeris, fenerator[1] es."

1) fenerator *Halsabschneider*

Aufgaben:

1. *Übersetze ins Deutsche.*
2. *Suche alle Substantive der konsonantischen Deklination aus dem Text heraus und schreibe sie mit verändertem Numerus hin.*
3. *Ordne die im Text vorkommenden Verben nach Konjugationsklassen.*

   (Tabelle: a-Konjugation, e-Konjugation, i-Konjugation, konsonantische Konjugation, esse)

8.2 Marcus e Cornelia quaerit: "Cur flammas servas? Cur semper in templo esse debes?" Cornelia: "Flammas cum diligentia in ara servare debeo. Nam Vesta dea in flammis adest. Deam neglegentia violare non debeo. Romani semper deos suppliciis placare studemus."

Aufgaben:

1. *Übersetze ins Deutsche*
2. *Ordne die elf unterstrichenen Verben nach Konjugationsklassen.*
3. *Cornelias Antwort besteht aus vier Sätzen. Nenne auf Deutsch deren vier Subjekte.*

8.3 *Claudia und Marcus waren den ganzen Nachmittag auf dem Forum. In dem Gewühl haben sie sich allerdings verloren. Nun sucht Claudia ganz allein den Heimweg, während es schon immer dunkler wird.*

Claudia valde trepidat. Nam Marcus deest et nunc sola[1)] per Suburam domicilium petere debet. Stat et circumspectat: "Ubi est Marcus? Trepido, nam Subura non modo plebe abundat, sed etiam fraudibus." Dum stat et dubitat, subito ignotus[2)] venit et: "Quis[3)] es, amica? Cur hic sola[1)] stas? Quis te[4)] servat? Nemo[5)]?" Circumspectat et: "Ornamenta pulchra[6)] habes. Miracula sunt. Age[7)]! Non modo catenam desidero, sed etiam pecunia egeo." Dum Claudiam comprehendere in animo habet, subito custodes veniunt, latronem[8)] retinent et in carcerem[9)] discedunt.

1) sola *allein* 2) ignotus *ein Unbekannter, Fremder* 3) quis? *wer?* 4) te *dich*
5) nemo *(Nom.) niemand* 6) pulchra *(n) schön* 7) age! *los!*
8) latro, latronem *m Räuber* 9) carcer, carcerem *m Kerker, Verlies*

Aufgaben:

A *Übersetze den lateinischen Text! (82 P)*

B Zur Grammatik:

1. *Tausche nur lateinisch Singular und Plural! (5 P)*
   a) amamus; b) sentit; c) comprehendunt; d) moneo; e) es.
2. *Tausche nur lateinisch Singular und Plural! (5 P)*
   a) flammam; b) negotio; c) pede; d) servum; e) neces.
3. *Bestimme den Kasus; an welcher Frage hast du ihn erkannt? (8 P)*
   a) 3: Subura; b) 6: ornamenta; c) 7: catenam; d) 8: in animo

C Zum Inhalt:

1. *Nenne drei verschiedene Gründe, warum die Subura als gefährlich galt. (3 P)*
2. *Nenne drei Unbequemlichkeiten, denen die Bewohner von Mietskasernen ausgesetzt waren. (3 P)*
   ZUSATZ: Welchen Luxus genossen dagegen die reichen Römer in ihrem Wohnalltag? (+ P)

8.4 Im Arme-Leute-Viertel

Subura plebe abundat. Multi[1] artifices[2] in insulis habitant[3] et in tabernis negotia agunt. Claudia iterum cum paedagogo per Suburam ambulat[4]. Nam urnam pulchram[5] emere in animo habet.
Figulus vocat: "Accedite, dominae! Venite, domini! Urnas pulchras videtis." Claudia ad Xanthippum: "Nonne figulum scis? Nonne urnae vitiis[6] carent?" Sed subito vocem audiunt: "Periculum imminet. Adeste amici!" Tum Claudia et Xanthippus ad Esquilias properant.

1) multi *viele* 2) artifices *(Plural) Handwerker* 3) habitare *wohnen*
4) ambulare *spazieren gehen* 5) pulcher, pulchra, pulchrum *schön*
6) vitium *Fehler, Mangel*

Aufgaben zum Text:

Gib die Zeilennummern bei Antworten an!

A *Nenne*

1. *ein Akkusativ-Objekt,*
2. *einen Ablativ, der nach einer Präposition steht,*
3. *ein Verb, das einen Ablativ bei sich haben muss.*
   freiwillig:
4. *ein Prädikat, in dem das Subjekt schon enthalten ist.*

B *Beschreibe möglichst genau den von dir vermuteten Grund dafür, dass Claudia und Xanthippus "properant"!*

Klassenarbeiten nach Lektion 9

9.1 Zu Hause bei Marcus und Claudia

Marcus et Claudia cum Xanthippo paedagogo per Suburam ambulant.

Nunc custodem habent, nam Xanthippus pericula scit. Ad Esquilias ascendere in animo habent. Nam ibi pater villam habet. Vespere hospites exspectat. Itaque servae cenam parare debent. Syrus coquus e culina vocat: "Ego cibos paro, et vos semper garritis *(schwätzen)*. Venite mecum in culinam! Cur me non adiuvatis?"

Servae parent et veniunt. Sciunt: Si non adiuvant, ad villam rusticam discedere et ibi laborare debent.

1. *Übersetze*

2. *Setze die Singularformen in den Plural und umgekehrt:*
   in taberna sum - in templis estis - monumentum monstro - servos vocatis

3. *Von welchen lateinischen Vokabeln leiten sich folgende Fremdwörter ab?*
   Ambulanz - Pedal - Aquarium - pekuniär - *(engl.)* invention

4. *Wo ist jeweils der (grammatische) Irrläufer?*
   1. audis - agis - venis - sentis - scis
   2. comites - custodes - fraudes - mones - voces
   3. vino - ago - propero - desidero - egeo

5. *Angenommen, du solltest einen Film über die römische* Subura *drehen: Welche Details und welche Vorgänge würdest du dafür auswählen?*

9.2 Was stand in dem Brief?

Übersetze:

Publius: "Salve, Marce! Quid agis?"

Marcus: "Salve, amice! Per vias ambulo, ut[1] vides."

Publius: "Cur non mecum in forum properas? Ibi semper senatores et mercatores sunt."

Marcus: "Bene me mones. Libenter[2] voces in foro audio. Ecce, Flavus ad nos venit! Quid apportas, Flave?"

Flavus: "Salvete! Dominus me ad vos mittit[3]. Epistulam[4] apporto. Nonne epistulam desideratis?"

Publius: "Tu lege[5] epistulam, nos audimus."

Flavus: "Legere non possum[6]."

Marcus: "Omnes[7] homines[8] legere possunt."

Flavus: "Sed servi non sunt homines."

1) ut *wie* 2) libenter *gern* 3) mittere *schicken* 4) epistula *Brief* 5) legere *lesen*
6) possum *ich kann* 7) omnes *alle* 8) homines *(Plural) Menschen*

Aufgaben zum Text:

Gib die Zeilennummern bei Antworten an!

Nenne

1. *ein Personalpronomen im Nominativ,*
2. *eine Verbform in der 1. Person Plural,*
3. *einen Imperativ, bestimme auch den Numerus.*
4. *Begründe, warum es in Zeile 3* in forum, *aber in Zeile 5* in foro *heißt. Benutze dabei auch grammatische Begriffe!*

freiwillig:

5. *Übersetze ins Lateinische: wir können*
6. *Du weißt inzwischen schon viel mehr über die Sklaven der Römer. Äußere dich nach deinem Wissen über das, was Flavus sagt!*

Klassenarbeiten nach Lektion 10

10.1 Dum Flavus mulos firmos ducit, Cynthia agros latos videt. Nonnullae vaccae[1)] in pratis[2)] sunt. Postea Cynthia clamat: "Videte magnos montes! Ibi avus et avia nos exspectant. Veni in pratum[2)], Quinte! Ibi servus multos cibos parat."

1) vacca *Kuh* 2) pratum *Wiese*

Aufgaben:

1. *Übersetze ins Deutsche*
2. *a) Denke dir, dass in Cynthias erstem Satz* (Videte ... montes*!*) *nicht von mehreren, sondern nur von einem Berg die Rede ist, und forme den lateinischen Satz entsprechend um.*

   b) Denke dir, dass Cynthia in ihrem dritten Satz (Veni ... Quinte*!*) *nicht zu Quintus, sondern zu den Kindern spricht, und forme den lateinischen Satz entsprechend um.*

   c) Schreibe vier Adjektivattribute mitsamt ihren Beziehungswörtern aus dem Text heraus und bestimme sie nach der KNG-Regel.

10.2 *Übersetze (achte dabei auf Subjekt und Objekt!):*

1. Marcus vehiculum ascendit.
2. Vehicula montes ascendunt.
3. Senex cenam quaerit.
4. Popinarius senem quaerit.
5. Claudia paedagogum non amat.
6. Paedagogus liberos vocat.
7. Liberi in atrio garriunt.
8. Dominus servos ad laborem vocat.
9. Servi crystallinum[1] frangunt.
10. Crystallina in culina stant.
11. Balbus crystallina cum vino praebet.

1) crystallinum *Kristallgefäß*

Bilde korrekte präpositionale Ausdrücke:

1. zum römischen Praetor
   Romanus / praetor ....
2. mit den alten Frauen
   antiquus / matrona ....
3. aus dem schönen Landhaus
   pulcher / villa ....
4. auf den albanischen Bergen
   Albanus / mons ....
5. auf den römischen Straßen
   Romanus / via ....
6. durch das weite Afrika
   latus / Africa ....
7. durch die großen Äcker
   magnus / ager ....
8. auf dem schönen Maultier
   pulcher / mulus ....
9. zu den erschöpften Sklaven
   fessus / servus ....
10. mit Markus, Claudia und dem Pädagogen
    paedagogus ....

Klassenarbeiten nach Lektion 11

11.1 Vilicus (multus) aedificia monstrat. Videt in aula (amplus) (nonnullus) servos; non laborant, sed rident. Tum reprehendit servos: "Cur non laboratis? Dominus et ego (severus) esse debemus, quia vos non paretis. Venite in agrum! Frumentum (maturus[1]) est: Hic esse non debetis."

1) maturus *reif*

Aufgaben:

a) Schreibe die passenden Formen der fünf eingeklammerten Adjektive hin.
b) Übersetze den Text.
c) Schreibe von den fünf unterstrichenen Verben den Infinitiv hin.

11.2 Avus servos (probus) laudat. Sed vilicus (nonnullus) servos reprehendit. Male parent, itaque vilicus (contentus) non est: "Multa facere ego debeo, quia dominus iam senex est. Domine et domina, vos quoque (contentus) esse non debetis. Servi dormiunt, dum frumentum (maturus[1]) est."

1) maturus *reif*

Aufgaben:

a) Schreibe die passenden Formen der fünf eingeklammerten Adjektive hin.
b) Übersetze den Text.
c) Schreibe von den fünf unterstrichenen Verben den Infinitiv hin.

11.3 Publius und Cornelia in der Sommerfrische

Publius et Cornelia laeti sunt. Nam gaudent, quia servi vehicula parant. Liberi Romam relinquere in animo habent. Montes Albani liberos exspectant. Ibi avus magnum fundum possidet. Multi agri et varia aedificia ad fundum pertinent. Villa pulchra aulam amplam circumdat. In villa avus et avia habitant[1)] et liberos exspectant. Gaudent Cornelia Publioque.

1) habitare *wohnen*

Aufgaben:

I. Der avus hat einen vilicus.
1. Wie heißt er?
2. Welchem Stand gehört er an?
3. Woher stammt er?
4. Was ist seine Aufgabe? (Bitte alle Antworten lateinisch!)

II. *Gib an, was in den folgenden Sätzen falsch ist.*
A. Dum ardor magna est, in via lato stamus.
B. Nonnulli iam fassus sunt et in via sedet.

III. *Bilde die passenden Formen der Adjektive:*

A	1. senatorem (magnus) -um	B	1. vocem (magnus)
	2. comites (multus)		2. hospites (fessus)
	3. aurum (pulcher)		3. vir (magnus)

IV. *Übersetze den Text.*

A 2. multi, multos
3. pulcher, pulchrum

B 1. magnum
2. fessi, fessos
3. magnus

Klassenarbeiten nach Lektion 12

12.1 Servus fessus ad aviam properat. "Adiuva me, domina! Vilicus valde severus est; me saepe punit. Dum ego laboro, vilicus contentus non est. Nos servi homines probi sumus. Quam saevus est! Tu autem misericordia non cares. Itaque reprehende virum durum, magnam iram vilici placa!"

Aufgaben:

1. *Übersetze.*
2. *a) Setze die ersten beiden Sätze* (Servus ... domina) *in den Plural (nur lateinisch).*
   b) Schreibe den Nominativ Singular der fünf unterstrichenen Nomina hin.

12.2 Im Bergwerk

Decimus magno cum numero servorum ad metalla[1] venit. Statim Statilius clamat: "Salve, Decime, iam diu te exspecto. Nunc laetus sum, nam servis firmis egeo."
Decimus: "Vide, Statili, hic Armenius et Siegfridus Germani sunt. Sed audi! Istos[2] servos bene observare debes, quia semper fraudes agunt; Armenius etiam neces facit."
Statilius: "Ego custos severus sum et condiciones laborum durae sunt. Nisi[3] parent, Germanos verberibus saevis punio. Nam misericordia careo." (67 W)

1) metalla, orum *n Pl. Bergwerk* 2) istos *diese* 3) nisi *wenn nicht*

Aufgaben:

A *Übersetze den lateinischen Text! (67 P)*

B Zur Grammatik:

1. *Nenne die Grundform und die Bedeutung zu: (8 P)*
   a) originem b) timemus c) irae d) clamorem
2. *Bestimme die folgenden Formen nach Kasus, Numerus und Genus: (6 P)*
   a) dearum b) hominum c) condicionis d) vilicis e) pueri f) vitia
3. *Setze in die angegebenen Formen: (12 P)*

   custos severus → Akk.
   → Pl.
   → Gen.
   → Sg.
   → Abl.
   → Pl.

C Zum Inhalt:

1. *Warum kommen die beiden Sklaven Armenius und Siegfried ins Bergwerk? (3 P)*
2. *Erläutere und bewerte die condiciones laborum im Bergwerk! (5 P)*
   ZUSATZ: a) Wie B 3.: condicio praeclara*; b) Wonach richtet sich der Preis eines Sklaven? Teile in "Handelsklassen" ein!*

12.3 Ein neuer Sklave auf dem Gutshof

Tyrus servus ex Asia est. Non diu vitam agit in villa rustica. Semper parere studet, sed linguam domini non semper intellegit[1]. Itaque saepe non modo ludibria aliorum servorum, sed etiam iram vilici severi tolerare debet.

Ecce[2]: iterum vilicus magna voce clamat: "Age[3], Tyre! Nisi[4] statim urnas magnas e vehiculo in stabulum portas, ego te verberibus duris punio." Tyrus audit, sed stat et stupet. Vilicus saevus capillos[5] servi comprehendit et miserum[6] Tyrum ad vehiculum trahit et monstrat: "Ecce[7]: urnas ... age[8] ... ibi stabulum!" (81 W)

1) intellegere *verstehen* 2/7) ecce! *sieh da!* 3/8) age! *los!* 4) nisi *wenn nicht*
5) capillus *Haar* 6) miser, era, erum *unglücklich*

Aufgaben:

A *Übersetze den lateinischen Text! (81 P)*

B Zur Grammatik:

1. *Vertausche nur lateinisch Singular und Plural: (7 P)*
   a) servarum probarum; b) senes severos; c) magnis nationibus; d) labor durus
2. *Unterstreiche die Genitive! (5 P)*
   servorum - vilicum - urnae - vehiculi - labores - servis - senis - agis - puerum - vocum
3. *Bestimme folgende Formen (teilweise mehrdeutig)! (7 P)*
   a) villa rustica; b) laborum durorum; c) condicionibus severis;
   d) vilici saevi; e) templi magni

C Zum Inhalt:

1. *Nenne drei Möglichkeiten, wie ein Mensch zum Sklaven werden konnte. (3 P)*
2. *Nenne drei besonders harte, menschenunwürdige Bestrafungen. (3 P)*
3. *Nenne zwei Möglichkeiten, wie ein Mensch wieder aus der Sklaverei freikommen konnte. (2 P)*

Klassenarbeiten nach Lektion 13

13.1 Davus versucht sich zu drücken

Der Sklave Davus versucht sich vor der Arbeit zu drücken. Doch Eudoxus sieht ihn.

Eudoxus: "Unde[1] venis, Dave? Laborare debes, furcifer![2]"

Davus: "Cur me, quem non ignoras, reprehendis? Semper capras, quarum caseum[3] amas, bene custodio."

Eudoxus: "Capras hic non video. Me autem, cuius iram scis, fraudare[4] studes."

Davus: *(für sich)* "Desiste me violare! Nunc dolores[5] meos non iam tolero. Propero ad templum, in quo auxilium a deis peto."

Eudoxus: "Si non agrum petis, verberibus non cares."

Davus: "Vae[6] tergum[7] meum! Vita, quam servi agunt, dura et misera est."

1) unde? *woher?* 2) furcifer *Galgenstrick (als Schimpfwort)* 3) caseus *Käse*
4) fraudare *(Es ist das Verb zu:* fraus, fraudis*)* 5) dolor, doloris *m Schmerz*
6) vae! *(Suche dir selbst ein passendes Wort dafür!)* 7) tergum *Rücken*

Aufgaben zum Text:

Gib überall, wo es geht, die Zeilennummer an!
Suche

1. *ein Relativpronomen im Genitiv - nenne auch seinen Numerus!*
2. *ein Prädikatsnomen - nenne auch seine Wortart!*
3. *ein Objekt - zu welchem Prädikat gehört es?*
4. *ein Adverb - woran hast du erkannt, dass es ein Adverb ist?*

freiwillig:
Übersetze. Achte dabei genau auf die Bedeutungsunterschiede des Verbs petere.

5. a) Davus auxilium a deis petit.
   b) Davus agrum petit.
   c) Senator fundum coloni petit.
6. *Übersetze ins Lateinische: Die Gebäude, die wir sehen, sind groß.*

13.2 Publius clamorem vilici, _________ in stabulo clamat, audit. Ibi Syphax est, __________ vilicus semper reprehendit. Publius servum, _________ labores explicat, audit. Vita servarum, _________ in fundo laborant, non tam dura est. Sed vilicus cunctos servos, _________ labores observat, reprehendit. Dominus, _________ servi amant, iam senex est. Dominus servos, _________ possidet, non castigat. In fundo, ________ dominus avus est, servi e multis nationibus sunt.

Aufgaben:

1. *Setze in die Lücken die passende Form des Relativpronomens ein.*
2. *Schreibe aus dem Text 3 Prädikatsnomina heraus.*
3. *Bilde aus den folgenden Nomina 5 sinnvolle Ausdrücke mit Genitivattribut und übersetze sie:*
   fundus / servus / labor / numerus / vilicus / condicio / aula
4. *Übersetze:*

Spaziergang durch ein verrufenes Viertel

1. Marcus et Claudia, qui forum relinquunt, per Suburam ad Esquilias ascendere in animo habent. 2. In Subura, quae plebe abundat, et tonsores[1)] et sutores[2)] et lanarios[3)] et multos alios homines, quorum voces audiunt, vident. 3. Senem, qui ad popinam[4)] stat, popinarius[5)] fugat: 4. "Non habes pecuniam! Homines, qui pecuniam non habent, non tolero." 5. Subito potatores[6)] appropinquant; Claudia, quam Marcus monet, non paret. 6. Postea paedagogus, quem Claudia videt, venit.
7. Claudia clamat: "Heus[7)], Xanthippe!" 8. Nunc et Xanthippus Claudiam, cuius vocem audit, videt et appropinquat: 9. "Timete fraudes et neces, quibus Subura abundat!"

1) tonsor *Friseur* 2) sutor *Schuster* 3) lanarius *Wollarbeiter* 4) popina *Imbissbude* 5) popinarius *Wirt einer Imbissbude* 6) potator *Betrunkener* 7) heus! *hallo!*

13.3 1. *Übersetze:*

Auf dem Gut des Großvaters

Avus in montibus Albanis fundum magnum et pulchrum possidet. Feriis (in den Ferien) avus Publium et Corneliam in fundo exspectat. Et avia, quae liberos salutat, laeta est.
Avus, quia senex est, servos habet, qui ex variis nationibus sunt et avum adiuvant. Nam multi et magni agri ad fundum pertinent, multa aedificia varia aulam amplam circumdant.
Sed non cuncti servi laborare cupiunt; sedent, clamant, rident. Itaque vilicus labores observat; severus est et servos servasque reprehendit et punit, si male parent. Syphax servus iram et verbera vilici timet.
Syphax: "Hic condiciones laboris durae sunt. Aliorum servorum vita non tam dura est." - Sed avus non tam severus est quam vilicus. Misericordia non caret.

2. *Wähle das passende Relativpronomen:*
   1. Avia, ... (qui, qua, quae, cuius) cibos parat, in culina (*Küche*) est.
   2. Lydia, ... (quem, qua, cuius, quam) laborem avia observat, serva proba est.
   3. Vilicus, ... (qui, quos, cuius, quem) servi timent, interdum servos reprehendit.
   4. Familia colonorum, ... (qua, qui, quorum, quos) unus ager alit, in miseria est.

3. *Setze in den Plural:*
   1. Servus in fundo laborat.
   2. Vilicus laborem servi observat.

4. *Beantworte kurz (Thema "Sklaven in altrömischer Zeit"):*
   1. *Wodurch konnte jemand zum Sklaven werden?*
   2. *Zu welchen unterschiedlichen Tätigkeiten wurden Sklaven herangezogen?*
   3. *Welche Bestrafungen für Sklaven waren üblich?*
   4. *Wie wurden treue Sklaven belohnt?*

Klassenarbeiten nach Lektion 14

14.1 Negotia servorum, quos Romani possidebant, varia erant.
In fundo avi multi servi et servae agros colere debent. Alii, qui aviam adiuvant, in villa sunt. Avia: "Lydia, propera in culinam[1]; para nonnullos cibos! Etiam vina bona, quibus[2] dominus valde gaudet, apportare debes. Adhuc te[3] contentus eram, saepe te laudabam. Etiam nunc proba es!"

1) culina *Küche* 2) quibus *übersetze diesen Kasus mit „über“* 3) te *ist Ablativ*

Aufgaben:

1. *Übersetze ins Deutsche.*
2. *a) Setze die vier Imperfektformen in die entsprechenden Präsensformen.*

   b) Bestimme Kasus, Numerus und Genus der drei Formen des Relativpronomens.

14.2 Cornelia quaerit: "Cur colonus, qui fundum finitimum habet, a te auxilium petit?" Avus explicat: "Colonus diu a patria aberat. Itaque agros non colebat. Liberi coloni, qui adhuc parvi[1] sunt, laborem tolerare non possunt[2]. Itaque nunc miser est. Non ignoro: Vicinus meus vir probus est. In bellis, quae populus noster gerebat, multos labores tolerabat."

1) parvus, -a, -um *klein* 2) possunt *sie können*

Aufgaben:

1. *Übersetze ins Deutsche.*
2. *a) Setze die vier Imperfektformen in die entsprechenden Präsensformen.*

   b) Bestimme Kasus, Numerus und Genus der drei Formen des Relativpronomens.

14.3 Bauer Lucius kommt zurück

Multos annos a patria aberat. Nam miles erat, qui diu cum multis aliis agricolis in Hispania pugnabat. Interea familia agrum colere studebat, sed condiciones duras non diu tolerabat. Vae[1)] magnam calamitatem! Nunc in agro deleto[2)] stat et stupet: Ubi sunt pater materque? Ubi uxor[3)] cum liberis? Dum circumspectat et quaerit, subito vir accedit, qui magna voce clamat: "Heus[4)] tu! Discede a fundo meo! Semper vos mendici[5)] auxilium petitis. Ego autem misericordia careo! Itaque: discede!" (75 W)

1) vae! *wehe, ach!* 2) deletus *zerstört* 3) uxor *Ehefrau* 4) heus! *he da!*
5) mendicus *Bettler*

Aufgaben:

A *Übersetze den lateinischen Text! (75 P)*
Unterstreiche zuvor die Prädikate (4 P)

B Fragen zur Grammatik:

1. *Vertausche Präsens und Imperfekt: (10 P)*
   a) quaerit; b) veniebat; c) careo; d) eratis; e) pugnabas

2. *Vertausche Singular und Plural: (10 P)*
   a) alios milites; b) agricolis finitimis; c) corpus pulchrum; d) viri boni; e) onere magno

C Zum Inhalt:

1. *Worüber staunt der Bauer Lucius? Was ist mit seinem Hof passiert? (3 P)*

2. *Benenne die Unterschiede im täglichen Leben der Cornelia und des namenlosen* puer *aus Lektion 13. (4 P)*

3. ZUSATZ: *Tiberius Gracchus war der Ansicht, die wilden Tiere führten ein besseres Leben als die einfachen Römer. Erläutere diese Ansicht! (+ P)*

Klassenarbeiten nach Lektion 15

15.1 Dionysius staunt über echte Freundschaft

Moerus gesteht dem Tyrannen Dionysius offen, er habe ihn ermorden wollen.

Dionysius: "Timidus[1] non fuisti, Moere. Nam milites servosque meos non timuisti. Sed nunc de vita decedere debes." Moerus: "Periculum vitae me non terret[2]. Sed ante[3] supplicium filiam[4] meam in matrimonium dare[5] debeo." Dionysius amicum[6] Moeri obsidem[7] in carcere[8] custodiebat, Moerus discessit.
Postea tyrannus supplicium amici paravit. Moerus autem in tempore revenit[9] et amicum servavit. Dionysius: "Veniam vobis[10] do[11]. Semper amicis egui, nunc amicos inveni."

1) timidus, -a, -um *furchtsam, ängstlich* 2) terrere *erschrecken, in Schrecken setzen* 3) ante *m. Akk. vor (zeitlich)* 4) filia *Tochter* 5) in matrimonium dare *in die Ehe geben, verheiraten* 6) *Den* amicus *will Dionysius anstelle des Moerus hinrichten, wenn Moerus nach 3 Tagen nicht zurück ist.* 7) obsidem *als Geisel* 8) carcer, -eris *n Gefängnis* 9) *Vorsilbe* re- *zurück* 10) vobis *euch* 11) do *von:* dare

Aufgaben zum Text:

Gib überall, wo es geht, die Zeilennummern an!
Suche

1. *eine Perfektform, deren Perfektstamm auf -s endet,*
2. *eine Perfektform mit einer Personalendung der 1. Person Singular,*
3. *ein Wort im Genitiv - zu welcher Deklination gehört es?*
4. *ein Adverb (eine Wortart!) der Zeit.*

freiwillig:

5. *Suche ein Imperfekt und erkläre, warum an dieser Stelle kein Perfekt steht.*
6. *Suche Gründe dafür, dass Dionysius keine Hinrichtung anordnet, sondern zu beiden sagt:* "Veniam vobis do."

15.2

1. *Schreibe die entsprechende Form im Imperfekt und Perfekt dazu:*
   intramus
   porto
   dubitatis
   monstrant
   estis
   audit
   sciunt
   custodio

2. *Achtung Wortsalat! Ordne die Wörter zu einem lateinischen Satz und übersetze ihn:*
   qui sentiebant homines discedere e periculum studebant villa

3. *Übersetze:*

Aufregung im Quartier der Sklaven

Auf dem Hof des Pächters Lucilius klagen sich die Sklaven nachts in ihrem Quartier gegenseitig ihr Leid:

Servi, qui in fundo Lucilii sunt, magna in calamitate vivunt. Nam Lucilius est dominus severus. Saepe servi servaeque verbera domini tolerare debent. Alii coloni non tam duri sunt. Lydus servus quaerit: "Cur dominus noster misericordia caret? Semper nos reprehendit, saepe nos punit. Molinam[1)] valde timeo. Cur condiciones laboris durae sunt?"
Gallus servus, qui olim in Gallia vivebat, vocat: "Lyde, cur dominum times? Pare et probus es! Ita iram domini non sentis. Scio: Dominus noster misericordia non caret. Sed nunc venite mecum! Cibi nos exspectant. Dominum vestrum reprehendere desistite!"

1) molina *Mühle*

15.3 1. *Übersetze:*

Armut plagt die Bauern

Cornelia et Marcus avum in montibus Albanis visitant et quaerunt: "Cur, ave, vicinus non habet servos, cur in miseria est?"
Avus explicat: "Olim populus Romanus iterum atque iterum bella gerebat. Imprimis agricolae onera belli tolerabant. Multos annos a patria aberant, familiae agros colere studebant. Sed sine auxilio patrum agros vendere debebant. Qui autem multa habebant, agros colonorum miserorum emere cupiebant. Ita multi agricolae in oppida discedebant. Proavus autem vicini, qui magna onera tolerabat, neque tamen Romam *(nach Rom)* discedebat. Ita in calamitate erat ut etiam nunc vicinus noster."

2. *Was rechtfertigt den häufigen Gebrauch des Imperfekts in obigem Text?*

3. *Von welchen lateinischen Vokabeln lassen sich folgende Fremdwörter ableiten?*
Militär - Null - bestialisch - salutieren

4. *Wo ist der "Irrläufer"?*
   1. vocaverunt - fuerunt - gerunt - senserunt
   2. vocabant - debebant - erant - probant
   3. fui - clamavi - coloni - studui

5. *Fülle die leeren Felder aus (Lösung ins Heft)!*

Präsens	Imperfekt	Perfekt
audiunt		audiverunt
est		fuit
pugnamus	pugnabamus	
	sentiebat	sensit
habemus	habebamus	

6. *Schreibe Stichworte auf, aus denen man einen Bericht über den Vesuvausbruch des Jahres 79 n. Chr. gestalten könnte!*

Klassenarbeiten nach Lektion 16

16.1 Über Plinius

Auf Bitten des Historikers Tacitus beschreibt Plinius der Jüngere, wie sein Onkel, Plinius der Ältere, seinen letzten Tag verbrachte.

Quomodo avunculus[1)] meus, qui erat miles fortis et auctor[2)] illustris, de vita decessit? Ego tibi[3)] narrare studeo de nocte terribili, quae non modo Plinium, sed omnes homines, qui ibi vivebant, exstinxit.

Dum ubique in Italia iam lux praeclara est, hic nox densa[4)] non discessit. Alii in domiciliis sedebant, quia cinerem et lapides timuerunt; alii in aperto[5)] circumstabant, quia tremor[6)] terrae aedificia movebat. Plinius solus[7)] in litus properavit, quia miraculum cognoscere cupivit. Odor sulpuris[8)] autem virum insignem, qui ibi hilari animo nubem admirabilem observabat, necavit. (84 W)

1) avunculus, i *m Onkel* 2) auctor, oris *m Schriftsteller* 3) tibi *dir*
4) densus, a, um *dicht* 5) in aperto *im Freien* 6) tremor, oris *m Zittern, Beben*
7) solus *als Einziger* 8) sulpur, uris *n Schwefel*

Aufgaben:

A *Übersetze den lateinischen Text!*

B Fragen zur Grammatik:

1. *Vertausche nur lateinisch Singular und Plural! (10 P)*
   a) periculis terribilibus; b) magna voce; c) amici tristis; d) vitae hilares e) corpora admirabilia
2. *Bestimme das Tempus und bilde die entsprechende Form in den beiden anderen Tempora! (10 P)*
   a) cognoscitis; b) monebat; c) ascenderunt; d) sumus; e) sentio
3. *Nenne die Stammformen zu: (6 P)*
   a) exstinguere; b) delere; c) descendere

C Zum Inhalt:

1. *Vor welchen Gefahren wollten die Menschen fliehen? Nenne Textbelege, sofern vorhanden! (6 P)*
2. *ZUSATZ: Übersetze folgenden Spruch und erläutere, inwiefern er auf Plinius zutrifft:* ETIAM SI OMNES, EGO NON.

16.2 Ein Bericht über den Tod des Plinius

Nubes terribiles super montem Vesuvium erant. Cinis et lapides regionem omnem tegebant. Homines e domiciliis fugabant. Ubique in regione terror magnus erat, ubique omnibus mors[1] et magna pericula imminebant.

Plinius, vir fortis, studuit miraculum propius[2] cognoscere. Navem ascendit et Stabias[3] petivit, ubi Pomponianus amicus vivebat. Hic familiares salutavit, placavit amicum et familiam, qui omnes magnam calamitatem timebant. Postea cenaverunt, tum dormiverunt, quia nox erat.

Subito media nocte[4] aedificia nutaverunt. Omnes e villa ad litus discesserunt, fuga salutem petiverunt[5]. Odor autem sulpuris multos homines necavit. Etiam Plinius, qui animo forti familiares adiuvare studuit, de vita decessit. (90 W)

1) mors, tis *f Tod* 2) propius *Adv. aus der Nähe, näher* 3) Stabiae, -arum *Stabiä*
4) media nocte *um Mitternacht* 5) fuga salutem petere *sein Heil in der Flucht suchen*

Aufgaben:

I. *Untersuche die Verbformen und beschreibe danach mit knappen Stichworten das Handlungsrelief des Textes. (Zeilenangaben nicht vergessen!)*

II. *Vertausche Präsens und Perfekt:*

A. 1. tegunt,	2. petitis,	3. ascendis,	4. estis
B. 1. auditis,	2. sentis,	3. decedunt,	4. habeo

III. *Transformiere:*

A. vox tristis	Abl.	Akk.	Plur.	Abl.	Nom.	Gen.
B. senex fortis	Akk.	Plur.	Abl.	Gen.	Nom.	Gen.

IV. *Übersetze Zeile 5-13*

16.3 1. *Übersetze:*

Pomponianus de Plinio amico narrat

Pomponianus: "In oppido Stabiis *(Stabiae)*, in villa nostra fuimus. Nubem terribilem, quae erat super Vesuvium montem, observavimus. Cinis et lapides etiam villam nostram texerunt. Ubique nox erat. Tum autem navis a Miseno appropinquavit, in qua erat Plinius, amicus noster. E nave descendit et ad villam nostram properavit et nos omnes salutavit.

Quia valde trepidabamus, Plinius nos voce hilari monuit: "Quid timetis? Ego nubem admirabilem hinc observare studeo."

Tum cenavit, postea dormivit. Nos tam fortes non eramus. Nam subito aedificia nutabant *(schwanken)*. Itaque e villa ad litus discessimus. Homines, qui in villis erant, odor sulpuris *(Schwefel)* necavit. Ita etiam Plinius de vita decessit.

2. *Wo ist jeweils der "Irrläufer"?*
   1. ascendit - audivit - monuit - fuit - agit
   2. terribile - onere - omne - nobile - triste

3. *Welche Adjektivform passt jeweils?*
   1. regio (illustri, illustris, illustre)
   2. viri (forti, forte, fortes)
   3. periculum (terribilem, terribile, terribilium)

4. *Welches lateinische Wort liegt folgenden Fremdwörtern zu Grunde, und was bedeutet es?* Omnibus - familiär - Epistel - nobel - (engl.) liberty

5. *Beantworte kurz:*
   1. *Welche beiden Tätigkeiten bzw. "Berufe" übte Plinius d. Ä. aus?*
   2. *Welche Bedeutung hatte Misenum?*
   3. *Warum hielt Plinius Kurs auf Stabiae statt auf Pompeji?*
   4. *Wie erklärst du das "coole" Verhalten des Plinius in Stabiae?*
   5. *Wie sind die Gipsabdrücke, die heute in Pompeji gezeigt werden, zu erklären?*

Klassenarbeit nach Lektion 17

Nonnulli amici cum Plinio Stabiis[1)] fuerunt. Postea narrant virum illustrem hilarem fuisse. Amici, qui in peristylio[2)] erant, Plinium in cubiculo[3)] dormire audiverunt. Tum amici virum monuerunt; nam videbant cinerem et lapides villam et vias tegere. E villa in viam properaverunt. Existimant in litore odorem sulpuris[4)] Plinium necavisse. Etiam alii de vita decesserunt.

1) Stabiis *in Stabiae* 2) peristylium *Innenhof* 3) cubiculum *Schlafraum*
4) sulpur, -ris *Schwefel*

Aufgaben:

1. *Übersetze ins Deutsche.*
2. *Mache die folgenden Sätze als AcI von den in Klammern angegebenen Ausdrücken abhängig und übersetze dann:*
   a) (Amicus narrat) Cinis malus fuit.
   b) (Scimus) Vesuvius nonnulla oppida delevit.
3. *Passe an:* viros nobil_____; oppidum illustr____; periculis magn_____.

Klassenarbeiten nach Lektion 18

18.1

Plinius nave Stabias[1)] properavit. Stabiis[2)] salutavit amicos, quorum villa ibi erat. Vir admirabilis nihil timebat; amici narrant Plinium hilarem fuisse. Dum cinis villam tegit, nihil timuit. Amici virum etiam cenare viderunt. Postea periculum omnes e villa fugavit. Etiam Plinius ad litus properavit ibique de vita decessit. Servi existimant odorem sulpuris[3)] dominum necavisse.

1) Stabias *nach Stabiä* 2) Stabiis *in Stabiä* 3) sulpur, -ris *Schwefel*

Aufgaben:

1. *Übersetze ins Deutsche.*
2. *Mache die folgenden Sätze als AcI von den in Klammern angegebenen Ausdrücken abhängig und übersetze dann:*
   a) (Amici narrant) Plinius familiares adiuvit.
   b) (Verisimile est) Multi homines de vita decesserunt.
3. *Ergänze die Endungen:*
   virum nobil_____; oppida illustr_____; periculo magn_____

18.2

Aufgaben:

1. a) *Schreibe die entsprechende Imperfektform darunter.*
   b) *Gib in der unteren Reihe mit einem Wort die Art der Perfektbildung an.*

tetigerunt	occidisti	descendistis	viderunt
________	________	________	________
________	________	________	________

veni	adiuvimus	invenisti	iussit	petivi
________	________	________	________	________
________	________	________	________	________

2. *Mache zu einem Satz mit AcI*
   a) *Plinius de nave descendit (Perf.) / servi sciebant.*
   b) *Periculum non est / Pompeiani credebant.*
   c) *Spurius in tuto est / Quintus non audivit.*
   d) *Multi homines de vita decesserunt / mercator Capuensis narrat.*
   e) *Publius Muranum vicit / in pariete legimus.*

3. a) *Suche aus dem Textstück die AcIs heraus und unterstreiche sie.*
   b) *Mache aus diesen AcIs selbständige Sätze.*

Vix credibile[1] est tam illustria oppida cecidisse, tot familiares occidisse. Nuper in oppido Pompeiis fui. Ubique homines hilares inveniebam. Veni ad palaestram[2], ubi Spurium amicum vidi. Spurius auxilium a me petivit; filium enim quaerebat. Itaque amicum adiuvi; ambo per vias cucurrimus. Filium casu in foro repperimus. Nunc verisimile est Vesuvium familiam Spurii occidisse. Spurium enim in tuto[3] esse aut fuga salutem petivisse non audivi.

1) credibilis, e *glaubhaft* 2) palaestra *Ringplatz* 3) in tuto *in Sicherheit*

4. *Ergänze die fehlenden Endungen und übersetze:*
   Feli__ Pompei_____ oppid____ illustr____ fui____ explic______.

Klassenarbeiten nach Lektion 19

19.1 Im Amphitheater

Bericht über den Kampf eines römischen Soldaten mit dem Spitznamen Mullus[1] gegen einen Kämpfer mit Dreizack und Netz (piscator[2]).

Clamor iam terribilis erat. Nam ubique in amphitheatro homines ex oppidis vicinis sedebant, qui valde clamabant. Tum gladiatores arenam intraverunt. Alii militem magna voce adiuverunt, alii piscatorem. Statim piscator per arenam cucurrit et pilum[3] in adversarium misit. Quia id autem super caput[4] eius volavit, miles gladio corpus adversarii temptavit, qui - nunc non iam fortis - salutem fuga petivit. Spectatores mullum[5] post piscatorem[6] currere viderunt, quem autem comprehendere non potuit[7]. Itaque scutum[8] in cervicem[9] mittit et ... eum occidit. Miraculum est mullum[10] piscatorem[11] occidisse. (83 W)

1/5/10) mullus, i *m* *Rotbarbe* 2/6/11) piscator, oris *m* *Fischer, Netzkämpfer*
3) pilum, i *n* *hier: Dreizack* 4) caput, capitis *n* *Kopf* 7) posse, possum, potui *können*
8) scutum, i *n* *Schild* 9) cervix, icis *m* *Nacken*

Aufgaben:

A *Übersetze den lateinischen Text! (83 P)*

B Zur Grammatik:

1. *Nenne Stammformen und Bedeutung zu: (6 P)*
   a) incidere; b) vincere; c) iubere
2. *Ordne zu und bestimme nach KNG! (8 P)*
   a) via (illustre, insigni, longae)
   b) corpus (magnus, mortuorum, turpe)
   c) litorum (praeclarorum, praeclarum, praeclararum)
   d) multitudo (magno, hilari, terribilis)
3. *Bestimme nach KNG (sämtliche Möglichkeiten): (6 P)*
   a) eum; b) ea; c) ii; d) id

C Zum Inhalt:

1. *Was veranlasste Männer, den Beruf eines Gladiators auszuüben; was sprach eher dagegen? (4 P)*
2. *ZUSATZ: a) Nenne aus dem Text einen AcI! b) Erläutere den Schlusssatz!*

19.2 1. *Übersetze:*

Pompeji - vor und nach dem Vesuvausbruch

Quintus pater nuper in oppido Pompeiis fuit et amicos visitavit. Nunc autem a nuntio Vesuvium montem id oppidum delevisse et multos homines occidisse audit. Quintus *(erinnert sich)*: "Cum Cornelio amico, apud quem diu mansi, saepe per vias latas eius oppidi ambulavi. In pariete *(Häuserwand)* nomina gladiatorum illustrium vidimus ut *(wie zum Beispiel)* "SERRANUS TER *(dreimal)* VICIT". Tum ad amphitheatrum pervenimus. Ludos gladiatorum spectavimus. Nonnullos Pompeianos, qui in amphitheatro sedebant, magno clamore gladiatores adiuvare, alios probra canere audivimus. Nunc omnes occidisse existimo. Vesuvium etiam Cornelium familiamque eius necavisse verisimile est. Vae!"

2. *Mache folgende Sätze als AcI von den in Klammern angegebenen Ausdrücken abhängig:*
   1. Nubes e Vesuvio monte ascendit *(Perf.)* - (Mercatores narrant.)
   2. Pompeii oppidum pulchrum fuit. - (Non ignoramus.)

3. *Suche alle Perfektformen heraus:*
   adiuvant - vidi - audi - habui - currimus - monemus - cecidimus - mansimus - videmus - tetigimus

4. *Wo ist das "Kuckucksei"?*
   iis - is - ii - ibi - eius - eos - eum

5. *Skizziere kurz den "Krawall im Amphitheater von Pompeji", von dem der Geschichtsschreiber Tacitus erzählt!*

Klassenarbeiten nach Lektion 20

20.1 Romani iis deis, qui se adiuvabant, sacra faciebant. Deis magna templa erant, quibus urbs Roma pulchra et illustris fuit. Avus dicit: "Marti etiam tauros immolamus, quia semper propitius[1)] fuit populo Romano." Cornelia quaerit: "Cur Mars amicus populi Romani est?" Avus: "Scimus Romulum, conditorem[2)] urbis Romae, filium eius dei fuisse."

1) propitius *gnädig* 2) conditor, -oris *der Gründer*

Aufgaben:

1. *Übersetze.*
2. ZUSATZ: *a) Setze alle Formen des ersten Satzes* (Romani ... faciebant) *in den Singular (es ist also dann nur noch von e i n e m Römer und e i n e m Gott die Rede!), und übersetze ihn dann noch einmal.*
   b) Drücke das durch die Worte "Deis magna templa erant" *Gesagte mit Hilfe von* "possidere" *aus.*

20.2

Die Einwohner der lange von den Griechen belagerten Stadt Troja glauben, die Belagerer seien abgezogen, und haben sich nachts zur Ruhe begeben. Aber durch eine List gelingt es den Griechen, in der Dunkelheit in die Stadt einzudringen und sie mit Mord und Brand zu verwüsten. Auch der Trojaner Äneas, seine Frau, sein Vater und sein kleiner Sohn werden im Schlaf überrascht.

Übersetze:

Aeneas, qui clamorem audiebat, e domicilio suo cucurrit. Vidit ubique aedificia urbis flagrare. Tum filio suo dixit: "Vide calamitatem urbis nostrae! Iam multa aedificia ceciderunt. Cur id tolerare debemus? Semper deis sacra facimus; nunc dei nobis non adsunt. Tu mane in domicilio! Ego amicis adesse propero." Dum per vias urbis properat, vidit multos Troianos iam mortuos esse. Denique sensit se fuga salutem petere debere.

20.3 Krach zwischen den Leuten aus Pompeji und Nuceria

Dum multi homines in amphitheatro magnum spectaculum exspectant, bestiae ferae[1] nondum gladiatoribus appropinquant. Tum Tito et aliis Pompeianis placet vicinos suos deridere: "Omnes Nucerini stulti[2] sunt." Sed Lucius, qui e Nuceria venit, clamat: "Is, cui Pompeiani placent, stultus est." Alii Titum, alii Lucium verbis placare temptant. Subito omnes audiunt: "Nucerini, pleni[3] vini; Nucerini, pleni vini." Statim Lucius et amici eius canunt: "Pompeiani, viri vani[4]; Pompeiani, viri vani."
Scimus, eos postea saxa misisse et multos innocentes[5] necavisse.

1) ferus, a, um *wild* 2) stultus, a, um *dumm, doof* 3) plenus, a, um *mit Genitiv voll von ...*
4) vanus, a, um *nichtig, dämlich* 5) innocens, innocentis *unschuldig*

Aufgaben zum Text:

Gib überall, wo es möglich ist, die Zeilennummer an!

1. *Bestimme die Formen der beiden Substantive auf -is (nicht:* aliis*).*
2. *Frage auf Deutsch mit einem Fragesatz nach:* gladiatoribus *(Z. 2).*
3. *Suche ein reflexives Possessivpronomen und erkläre "reflexiv".*

freiwillig:

4. *Erkläre an einer geeigneten Verbform, was das Zeitverhältnis "vorzeitig" bedeutet.*
5. *Übersetze ins Lateinische: Warum habt ihr uns dies erzählt?*

Klassenarbeiten nach Lektion 21

21.1 *Die Griechen, die Troja viele Jahre lang belagert haben, sind abgezogen und freudig öffnen die Trojaner die Tore ihrer Stadt.*

Troiani ex urbe venerunt, **cum** subito magnum equum in litore spectaverunt. **Postquam** ei appropinquaverunt, Laocoon sacerdos ad eos cucurrit magnaque voce clamavit: "Magnum periculum in eo equo est. Quem delere debemus. **Si** eum in urbem portamus, magnam iram deorum timeo. Quis nos servat?" Sed vir frustra clamavit. Troiani, **quamquam** Graecos fraudem amare non ignorabant, equum per portam urbis traxerunt.

(Hinweis zur Übersetzung des letzten Satzes: Beginne den deutschen Satz mit der Übersetzung von quamquam.*)*

Aufgaben:

1. *Schreibe die vier Subjunktionen des Textes (fettgedruckt) heraus und benenne ihre Sinnrichtungen.*
2. *Verwandle fünf der im Text vorkommenden Perfektformen in die entsprechenden Präsensformen.*

21.2 1. *Übersetze:*

Eine römische Opferszene

Multitudo civium in campum Martium concurrit, quia populus hodie lustrum exspectat. Ecce, pompa iam appropinquat! Homines viros, qui tubis canunt, deinde censorem incedere vident. Qui sacerdotibus imperat: "Mandate mihi suem et ovem et taurum!"

Dum censor cum haruspice ante aram hostias necat, sacerdotes carmina canunt.

Postquam haruspex populo finem sacrorum nuntiavit, unus e sacerdotibus magna voce clamat: "Mars, ades civibus omnibus, ades urbi Romae!"

Romani enim deos sibi adesse existimant, si eis sacra faciunt.

2. *Stelle die Sätze* "Dum censor ... canunt" *(Z. 5/6) und* "Romani enim ... faciunt" *(Z. 10) per Kästchenmethode grafisch dar!*

3. *Wo ist jeweils der "Irrläufer"?*
   1. aras - deas - puellas - laudas
   2. iniuriis - navis - annis - pedibus
   3. civis - cinis - viris - finis

4. *Verwandle in den jeweils anderen Numerus:*
   1. Gladiatori gladius est.
   2. Amicis adesse debemus.

5. *Nenne zu folgenden Abbildungen antiker Gottheiten*
   a) *deren römischen Namen*
   b) *deren griechischen Namen*
   c) *deren „Zuständigkeitsbereich“!*

Klassenarbeiten nach Lektion 22

22.1 Aeneas berichtet von Trojas Untergang

Iam socii equum magnum in urbem traxerunt, quamquam Laocoon sacerdos monere temptavit. Iam omnes dormiebant, cum subito Graeci ex equo descenderunt.

Ego autem, dum inter muros familiam quaero, - ecce - subito Helenam prope templum Neptuni sedere video. Statim eam necare cupio, sed mater me retinet: "Mi[1] fili, Helenae tempera, etiamsi magnum numerum virorum nobilium ad umbras dimisit. Intellege: tu pater eris dominorum mundi; tu aedificabis eam urbem, quam omnes nationes caput orbis terrarum vocabunt; tu atque posteri tui fines imperii usque ad sidera[2] augebitis." (83 W)

1) mi *mein* 2) usque ad sidera *bis zu den Sternen*

Aufgaben:

A *Übersetze den lateinischen Text! (83 P)*

B Grammatik:

1. *Suche aus dem Text folgende Nebensatzarten heraus! Nenne jeweils die Konjunktion, das Subjekt und das Prädikat! (6 P)*
   a) Relativsatz; b) Konzessivsatz; c) Temporalsatz
2. *Bestimme das Tempus in den jeweiligen Textabschnitten! Begründe am Inhalt, warum der Autor dieses Tempus jeweils gewählt hat. (9 P)*
   a) Z. 1-3; b) Z. 4-7; c) Z. 7-10

C Inhalt:

1. *Wer ist in Z. 6 mit* mater *gemeint? (2 P)*
2. *Wer ist der in Z. 1 genannte Laokoon? Welches Schicksal hatte er? (4 P)*

22.2 *Übersetze:*

Postquam Aeneas intellexit equum Graecorum dolum[1] fuisse, ad domicilium suum cucurrit. Ubique Graecos milites vidit, qui villas intrabant et cives Troianos necabant.

Quamquam periculum magnum erat, tamen familiares sociosque collegit et sic dixit: „Quia Graeci omnia domicilia nostra delebunt et amicos necabunt aut fugabunt, patrem meum et filium servabo. Pater penates secum[2] habebit. Sed ubi est uxor mea? Fortasse[3] Graeci eam abduxerunt!“

Aeneas uxorem non iam repperit. Uxor nunc inter umbras mortuorum ambulat. Tandem Aeneas cum familiaribus, sed sine patre, quia mortuus erat, in Italiam pervenit. Ibi Troiani novam urbem aedificaverunt.

1) dolus, -i *m List* 2) secum (se-cum = cum se) *(mit sich) bei sich*
3) fortasse *(Adv.) - vielleicht*

Klassenarbeiten nach Lektion 23

23.1 *Dem alten Numitor, der längst von seinem Bruder Amulius entmachtet ist, wird der junge Hirt Remus als Gefangener vorgeführt. Er kommt ihm merkwürdig vertraut, fast wie ein Verwandter vor. Er erzählt ihm deshalb seine Geschichte.*

Numitor senex Remo narrat:
"Ego rex Albae Longae eram.
Amulius, frater meus, mihi regnum[1] rapuit. Sed Rea Silvia, filia mea, filios geminos habuit. Tum Amulius iussit servum pueros in fluvium mittere; quos lupa invenit. Postea Faustulus pastor eos flere audivit et in casam[2] suam portavit. Cum Larentia uxore eos educavit.
Quis[3] tu es? Audivi te in casa[2] Faustuli habitavisse."

1) regnum *Herrschaft* 2) casa *Hütte* 3) quis? *wer?*

Aufgabe:

Stelle dir vor: Numitor hat, während er noch König ist, einen Traum, in dem er alles vorhersieht. Er erzählt ihn anderntags seiner Frau mit denselben Worten wie im obigen Text, natürlich als Prophezeiung im Futur.
Setze also alle Perfektformen seiner Erzählung (3. bis 7. Zeile) ins Futur (du brauchst nur diese Formen hinzuschreiben) und übersetze den Text dann noch einmal ("Amulius ... wird ...").

23.2 Ein Gott hilft

Rea Silvia hat kurz vorher Zwillinge bekommen. In seiner Wut nimmt Amulius ihr die Kinder weg und wirft die Mutter in einen finsteren Kerker. Dort ...

Rea voce tristi orabat: "Tu, qui es deus potens, veni et serva filios meos!"
Mars Ream Silviam audivit. Subito de caelo[1)] descendit. "Cur fles? Certe[2)] vos servabo. Amulius te non necabit. Etiam filios protegam[3)], etiamsi scio servos Amulii eos iam in fluvium misisse. Sed ego iussi Tiberim patrem corbem[4)] ad ripam[5)] agere. Ibi lupa pueros inveniet et alet. Postea Faustulus pastor eos ad Larentiam portabit. Senties virtutem duorum fratrum ingentem esse. Itaque omnes felices eritis."

1) caelum, -i *n Himmel* 2) certe *Adv. sicherlich, gewiss* 3) protegere *beschützen*
4) corbis, -is *f Korb* 5) ripa, -ae *f Ufer*

Aufgaben zum Text:

Gib überall, wo es möglich ist, die Zeilennummer an!
Suche aus dem Text:

1. *ein Adjektiv und bestimme von ihm KNG,*
2. *eine Futurform und gib die Konjugationsart an,*
3. *ein Personalpronomen; wer ist damit gemeint?*
4. *einen AcI; nenne von ihm auch „AcI-Subjekt“ und „AcI-Prädikat“.*

freiwillig:

5. *Kannst du Substantiv und Subjunktion unterscheiden? Suche für beides je ein Beispiel aus dem Text. (Es gibt nur eine Subjunktion im Text.)*
6. *Mars sagt aus Vorsicht nicht alles über die Zukunft. Was lässt er weg? Warum lässt er es wohl weg?*

Klassenarbeiten nach Lektion 25

25.1 Über Caius Mucius Scaevola

Diese Tat ereignete sich in der römischen Frühzeit, als die Stadt noch nicht Haupt eines riesigen Imperiums war, sondern sich gegen benachbarte Städte und Völker behaupten musste; so unter anderem gegen die Etrusker unter Führung ihres Königs Porsenna.

Iam diu Porsenna, rex Etruscorum, cum militibus suis urbem Romam circumdabat. Tum C. Mucius, qui Romanos onera belli non diutius[1)] tolerare intellexit, clam ad hostium castra[2)] accessit. Nam regem necare in animo habuit. Per errorem[3)] autem non Porsennam, sed alium virum occidit. Rex statim milites eum capere et flammis circumdare iussit, quia adulescentis virtutem temptare voluit[4)]. Mucius autem: "Civis Romanus sum. Etiamsi me necabis, tamen Romanos numquam vinces. Nam magnus virorum numerus post me veniet, quorum aliquis[5)] te caedet." Ita dixit et dextram in flammas porrexit[6)].

Der König aber entließ daraufhin den jungen Mann in die Freiheit, zog seine Truppen ab und bat um einen Friedensvertrag. Caius Mucius erhielt zur Anerkennung den Beinamen Scaevola. (Darin ist das Wort scaevus „links" enthalten.)

1) diutius *länger* 2) castra *n. Pl. das Lager* 3) per errorem *irrtümlich*
4) voluit *er wollte* 5) aliquis *irgendeiner* 6) porrigere, o, -rexi *ausstrecken*

Aufgaben:

A *Übersetze den lateinischen Text! (85 P)*

B Zur Grammatik:

1. *Bestimme das Tempus und bilde die entsprechenden Formen in den übrigen Tempora:*
   a) circumdabat; b) vinces; c) sum *(12 P)*
2. *Vertausche lateinisch Singular und Plural: (8 P)*
   a) animis tristibus; b) vir nobilis; c) virtutem Romanam; d) onus magnum

C Zum Inhalt:

1. *Nenne zwei Charaktereigenschaften des Mucius und erläutere sie an seinem Verhalten; belege deine Aussagen am Text. (6 P)*
2. ZUSATZ: *a) Was bedeutet der Beiname des Mucius? b) Erläutere die Reaktion des Königs! (deutscher Text am Ende der Geschichte) c) Nenne einen AcI!*

25.2 1. *Übersetze:*

Noch eine Geschichte vom Brudermord

Romulus Remo, postquam Amulium cum auxilio pastorum necaverunt, narravit, quod in animo habebat.
Dixit: "Quaeram locum, ubi lupa nos invenit et aluit. Nam, ubi homines cum feris bestiis in pace vixerunt[1)], ibi deos adesse credo. Hic populus noster in patria potenti et felici vivet. Itaque hic condemus urbem, quam muris circumdabimus. Qui eos superare cupiet, hostis erit et eum ad supplicium dabo."
Postquam locum reppererunt, Romulus aratro[2)] demonstravit fines urbis, ubi muros aedificare in animo habebat. Remus autem ea signa neglexit[3)] et transsiluit[4)]. Tum certamen vehemens inter fratres erat et Romulus acri ira Remum occidit.

1) vivere, vivo, vixi 2) aratrum *Pflug*
3) neglegere, neglego, neglexi *vernachlässigen, nicht beachten*
4) transsilire, transsilio, transsilui *überspringen*

2. *Suche den Irrläufer!*
vehementi - contenti - misero - corpore - celeri - servo

3. *Bestimme und Übersetze!*

	Pers.	*Num.*	*Mod.*	*Temp.*	*G. V.*	*Inf.*	*Übersetzung*
erunt			*Ind.*		*Akt.*		
gaudes			*Ind.*		*Akt.*		
agemus			*Ind.*		*Akt.*		

4. *Über die Hintergründe des Todes des Remus sind verschiedene Versionen bekannt. Welche kennst du?*

Klassenarbeit nach Lektion 26

Croesus[1)], rex Lydiae[2)], nonnullos viros ad oraculum Delphicum[3)] misit. Ii nave celeri per mare properaverunt, cursu celeri Delphos[4)] petiverunt. Cum magno metu templo Apollinis appropinquaverunt, dum in manibus dona[5)] habent, quae sacerdotibus et Pythiae dare cupiebant. Quaesiverunt: "Croesus cum Persis[6)] bellum ingens gerere cupit. Quid tu, Apollo, suades[7)]?" Sacerdotes, postquam Pythiam audiverunt, admirabiliter responderunt: "Croesus, si milites per Halym[8)] ducet, imperium praeclarum delebit."

1) Croesus, -i *Krösus (ein Eigenname)* 2) Lydia, -ae *Lydien (ein Land in Asien)*
3) oraculum Delphicum *das delphische Orakel* 4) Delphi, -orum *Delphi*
5) donum, -i *das Geschenk* 6) Persae, -arum *die Perser (ein mächtiges Volk)*
7) suadere *einen Rat geben, raten* 8) Halys, *Akk.* Halym *der Halys (Grenzfluss zwischen Lydien und dem Reich der Perser)*

Aufgaben:

1. Übersetze ins Deutsche
2. Bestimme die fünf unterstrichenen Adjektivformen.

Klassenarbeiten nach Lektion 27

27.1 Über die Geschenke der Götter

Iam diu homines, quos Prometheus manibus suis fecerat, in terris vixerunt. Iam deos deasque in templis ingentibus sacris delectaverunt, quia immortales[1)] eos varias artes docuerant. Nam auxilio Cereris agros colere intellexerant; Bacchus autem vinum eis dederat eosque iucunde vivere et spectaculis gaudere instruxerat. A manibus Martis arcum sumpserant et alia arma crudelia, quibus se defenderunt. Unum autem defuit: usum medicinae[2)] nondum didicerant. Itaque multae pestes[3)] cruciatusque eorum corpora saeve vexaverunt. Quia tristi vultu ad caelum spectaverunt, tandem Asclepius, Apollinis filius, eos adiuvit. (85 P)

1) immortalis, e *unsterblich* 2) medicina, ae *f Medizin, Heilkunst*
3) pestis, is *f Krankheit*

Aufgaben:

A *Übersetze den lateinischen Text! (85 P)*

B Zur Grammatik:

1. *Bestimme und forme um: (10 P)*
   a) dedisti → *Plqpf.* b) debetis → *Perf.* c) es → *Impf.*
   d) ridebam → *Fut.* e) dividebant → *Präs.*
2. *Füge die Endung* -as *an die Wortsplitter, nenne Grundform und Bedeutung des Wortes*: a) hosti-; b) delect-; c) e-; d) didicer-; e) crudelit- (10 P)
3. *Tausche Singular und Plural:*
   a) tristi vultui b) crudelia sacra c) manus humanae
   d) saevorum arcuum e) magnus mons

C Zum Inhalt:

1. *Welches Verhältnis besteht zwischen Prometheus und den Menschen? (4 P)*
2. *Nenne Apolls Aufgabengebiet! (2 P)*
3. ZUSATZ: *Modernisiere den Olymp! Ordne den Göttern/Göttinnen folgende Ministerien zu: a) Landwirtschaft und Ernährung; b) Wissenschaft und Forschung; c) Umwelt; d) Außenministerium und Finanzen! Statte diese Götter auch mit modernen Kennzeichen aus: z. B. Handy, Computer ...*

27.2 1. *Ergänze die fehlenden Tempora in der entsprechenden Person:*

Futur	*Präsens*	*Imperfekt*	*Perfekt*	*Plusquamperfekt*
sument				
	facis			
		delectabam		
			petiverunt	
				narraverat

2. *Übersetze:*

Iuppiter, pater deorum, tyrannus durus et crudelis[1] erat, quem omnes, dei et homines, timebant. Prometheus autem homines amabat et eos contra Iovem adiuvabat. Multas artes eos docuit[2]. Etiam ignem[3] de Olympo rapuit et clam ad homines portavit. Denique Iuppiter iratus Prometheum in vincula dedit et eum crudeliter[1] punivit.

1) crudelis, e *und* crudeliter *zu* crudelitas
2) docere *jdn. etwas lehren, in etwas unterrichten* 3) ignis, is *m Feuer*

3. *Bestimme die Satzteile. Trage S, P, O, AB darüber ein. Die eingeklammerten Wörter brauchst du nicht zu berücksichtigen.*
(Deinde) deus vultu laeto Musas ad domos pulchras deorum ducit, quae in Olympo monte sitae sunt. (Dum) deae deique (ibi) iucunde cenant, Apollo carminibus omnes delectat.

4. *Bilde jeweils die entsprechende Form im Plusquamperfekt.*
petebas
temptabat
dabunt
habetis
capimus

27.3 1. *Übersetze:*

De Prometheo

Aliquando Hercules ad montem Caucasum venit. Ibi Prometheum in monte vinctum[1)] vidit et aquilam, quae Prometheo appropinquabat.
"Quid agit ea avis crudelis?", Hercules interrogavit.
Prometheus respondit: "Iuppiter aquilam mihi misit et ita me ingentibus cruciatibus vexat. Hominibus enim ignem dedi et alias artes eos docui, quas pater deorum hominumque vetuerat. Homines enim sine igne artibusque vitam miseram vixerant."
Hercules: "Unde[2)] ignem portavisti?"
Prometheus: "In caelum ascenderam et ad solem ferulam[3)] moveram, in qua ignem ad homines portavi."
Hercules: "Te valde laudo, sed miseria tua me movet. Iovem autem crudelem esse puto."
Tum Hercules sagittis[4)] suis aquilam interfecit et Prometheum liberavit.

1) vinctus *gefesselt* 2) unde? *woher?* 3) ferula, ae *f Fenchelstaude (als Fackel)*
4) sagitta, ae *f Pfeil*

2. *Setze jeweils das passende Wort ein:*
   1. Apollo ..... pugnavit (forte, fortiter, forti, fortis).
   2. Apollo arcum ..... cepit (audacem, audacium, audaci, audacter).
   3. Dei deaeque ..... cenant (iucunde, iucundi, iucundae, iucundum).
   4. Non omnes homines ..... agunt (sapientes, sapiens, sapienter, sapientiae).

3. *Definiere kurz folgende Namen:*
   1) Delphi 2) Apollo 3) Musen 4) Pythia 5) Olymp

Klassenarbeiten nach Lektion 28

28.1 Amicae Europae clamabant: "Quo puellam ducis, taure? Magno timore sollicitamur. Vestimenta eius irrigantur[1)], dum a te per mare portatur. Porta eam ad terram!" Taurus autem nihil respondebat, sed per undas properabat. Amicae ignorabant eum postea in deum mutari.

1) irrigare *bespülen*

Aufgaben:

1. *Setze den Satz* "Quo puellam ducis?" *ins Passiv.*
2. *Setze den Satz* "dum a te per mare portatur" *ins Aktiv.*
3. *Bestimme die vier unterstrichenen Verbformen (Muster:* porto *1. Sing. Präs. Akt.)*

28.2 A Prometheo hominibus ignis datur; itaque Iuppiter eum punit. Vetuit enim homines a Prometheo adiuvari. Nunc Prometheus ingentibus cruciatibus afficitur: Aquila iecur[1)] eius vehementer violat. Denique Hercules appropinquat et videt aquilam avolare. Prometheus explicat: "Semper ab ea vexor."

1) iecur, iecoris *n die Leber*

Aufgaben:

1. *Setze den Satz* "A Prometheo hominibus ignis datur" *ins Aktiv.*
2. *Setze den Satz* "Iuppiter me punit" *ins Passiv.*
3. *Bestimme die vier unterstrichenen Verbformen (Muster:* porto *1. Sing. Präs. Akt.)*

Klassenarbeiten nach Lektion 29

29.1 Bevor Dädalus fliegen lernte

Auch vor dem Aufenthalt des Dädalus auf Kreta war schon einiges geschehen, was nicht ohne Auswirkungen auf die späteren Ereignisse geblieben ist. Das nahmen wenigstens die an, die uns die Sagen erzählt haben.

Daedalus, cuius ingenium magnum erat, in patria sua diu vivebat. Postquam multa et admirabilia artificia[1] arte eius inventa sunt, Talum, adulescentem studiosum[2], sapientiam[3] suam docuit. Postea autem intellexit se iam a Talo sollertia[4] superatum esse. Itaque eum interfecit. Tum Daedalum acriter puniri necesse erat. Sed ante poenam[5] Daedalus cum Icaro filio in Cretam effugit, ubi a Minoe rege comiter[6] salutati sunt.

Tum Creta vexabatur a Minotauro terribili, qui homines multos devorabat[7]. Cui labyrinthum a Daedalo aedificatum esse scimus.

1) artificium, -i *n Kunstwerk, Wunderwerk* 2) studiosus, a, um *lerneifrig*
3) sapientia, -ae *f Weisheit* 4) sollertia, -ae *f Kunstfertigkeit, Geschicklichkeit*
5) poena, ae *f Strafe* 6) comis, e *freundlich* 7) devorare *verschlingen*

Aufgaben zum Text:

Gib, wo möglich, mit Zeilennummer an:

1. *eine Form des Perfekts Passiv mit Personalendung,*
2. *einen Infinitiv Passiv; bestimme auch sein Zeitverhältnis,*
3. *ein Wort mit der Endung -a, das nicht Femininum ist,*
4. *ein Relativpronomen mit Kasusangabe; handelt es sich um einen relativen Satzanschluss?*

freiwillig:

5. *Erkläre den grammatischen Unterschied zwischen* patria sua *(Z. 1) und* arte eius *(Z. 2).*
6. *Aus welchem Grund kann die Kenntnis dieser Vorgeschichte wichtig sein für ein Urteil über die Ereignisse, die aus Lektion 29 bekannt sind?*

29.2 I. Dädalus und Ikarus

1. Daedalus et Icarus, filius eius, in insula Creta mari lato clausi erant.
2. Una via patri et filio patebat: necesse erat per aerem volare.
3. Itaque ab Icaro pennae colligebantur.
4. E pennis a filio collectis a Daedalo alae factae sunt.
5. Nunc puer a patre doctus in aere pependit.
6. Omnes scimus Icarum a Daedalo monitum cursum rectum[1] non egisse.
7. Sic Icarus in mare cecidit et interfectus est. (63 W)

1) rectus, a, um *richtig*

II. *Aufgaben:*

Setze ins Passiv: (4)

a) collegerant b) viceramus c) invenistis d) claudebat

Setze ins Aktiv: (4)

a) captus sum b) colebantur c) solvitur d) rapti erant

Irrläufer: (mit Begründung) (4)

a) oculus - arbor - regina - anima
b) faciunt - fecerunt - fecerat - faciebant

Formenrennen: (4)

claudo > Impf. > 3. Pers. > Passiv > Perfekt >
Plqpf. > Aktiv > Präs. > 1. Pers.

III. Sachteil

a) *Wer hat Dädalus und Ikarus wo eingesperrt? (2)*
b) *Weshalb blieb der Flugversuch der beiden erfolglos? (2)*
c) *Welcher berühmte Maler (um 1500) befasste sich mit Flugtechnik? (1)*
d) *Erkläre das Wort „Astronaut“. (2)*
e) *Woher bekam der Kontinent Europa seinen Namen? (2)*

Wertung I : II : III = 3 : 2 : 1

Klassenarbeiten nach Lektion 30

30.1 Über Pluto und Proserpina

In der Klage des Orpheus habt ihr erfahren, dass auch die Götter der Unterwelt einst von Amor zusammengeführt worden sind. Und so soll sich diese Geschichte abgespielt haben:

Aliquando Ceres cum Proserpina, filia sua, in insula Sicilia prope litus ambulabat. Dum Ceres agros fructusque conspicit, filia multos et varios flores[1)] colligens a matre discessit. Tum a Plutone, qui est frater Iovis, observata est. Rex enim animarum mortuarum iam diu amore virginis pulchrae captus erat. Itaque desiderio dulci commotus eam in imperium suum rapuit: Subito terra aperitur[2)] et puella infelix matrem valde clamans in tenebris[3)] clauditur.

Plutonem enim uxorem sibi rapere necesse erat, quia neque puella neque femina regina in Tartaro esse cupivit. (85 W)

1) flos, floris *m Blume* 2) aperire *öffnen* 3) tenebrae, arum *f Pl. Finsternis (Sg.)*

Aufgaben:

A 1. *Übersetze den lateinischen Text! (85 P)*
2. *Kennzeichne farblich im Text die Partizipien und ihre Beziehungswörter! (6 P)*

B Fragen zur Grammatik:
1. *Bestimme folgende Formen: (8 P)*
a) 2: conspicit; b) 3: discessit; c) 4: observata est; d) 8: clauditur
2. *Ordne jedem Substantiv ein Partizip zu und bestimme die Form:*
a) ratio; b) virginibus; c) hominis; d) desiderio; e) puellae
canentia - rapientis - victa - colligentes - clausi - auditas - raptis - petente - vehementibus

C Zum Inhalt:
1. *Wer oder was ist der Tartarus? (3 P)*
2. *Schreibe die drei Verse des Orpheus auf! (6 P)*
3. ZUSATZ: *Versetze dich in Orpheus' Situation. Beschreibe aus seiner Sicht den Weg an die Oberwelt! (+ P)*

30.2 *Aufgaben:*

1. *Bilde jeweils PPA und PPP im Nominativ maskulin Plural:*

   solvere ____________________ ____________________

   capere ____________________ ____________________

   reddere ____________________ ____________________

   docere ____________________ ____________________

   adiuvare ____________________ ____________________

2. *Übersetze jeweils die Partizipkonstruktion auf 3 verschiedene Arten. Achte auf das Tempus im Deutschen!*

   a) Servi a domino vocati non venerunt.

   ____

   b) Orpheus in Tartarum descendens animas mortuorum vidit.

   ____

   c) Serpens in herba latens ab Eurydica tacta est.

   ____

   d) Dei Orpheo dulciter canenti non restiterunt. *(widerstehen)*

   ____

3. *Stelle durch Unterstreichen eine lat. Kurzfassung von 3-4 Wörtern zu jedem Prädikat her, indem du sinnvolle Ergänzungen auswählst.*

4. *Übersetze:*

Itaque filium multas pennas colligere iussit. Pennae collectae a Daedalo cera[1] ligatae[2] sunt. Quo modo alae factae sunt arte admirabili. Primum pater alis volare temptavit; deinde filium quoque artem novam docuit. "Etiam ego a te doctus in aere pendeo. Mox ingenio tuo liberati erimus." Tandem natura ratione hominum victa est.

1) cera *Wachs* 2) ligare *verbinden*

Klassenarbeit nach Lektion 31

Orpheus, die Leier und der Tod

Aliquando in Thracia Orpheus vixit. Non modo homines, sed etiam bestias saxaque carmina blanda canens commovit. Quod Eurydica, uxor eius, a serpente interfecta erat, desiderio commotus in Tartarum descendit. Etiam hic pulchre canens animos Proserpinae Plutonisque movit. Neque rex neque regina Tartari Orpheo uxorem carminibus blandis petenti restitit. Sed unam condicionem ei dederunt. (51 W)

Aufgaben:

1. *Übersetze den Text.*
2. *Schleudere:*
   A. restiterant - *Präs. - Fut. - Plqpf. - Impf.*
   B. vixit - *Fut. - Plqpf. - Präs. - Impf.*
3. *Übersetze mit präpositionalem Ausdruck und Konjunktionalsatz:*
   A. desiderio commotus (Z. 3)
   B. pulchre canens (Z. 4)
4. *Bilde die entsprechende Form im Passiv bzw. Aktiv:*
   A. commoto　　　　B. petentium
5. *Ersetze den Nebensatz durch einen partizipialen Ausdruck:*
   A. Fortuna Graecorum, qui ante Troiam pugnabant, misera erat.
   B. Prometheus hominibus, quod misere vivebant, ignem dat.

Klassenarbeiten nach Lektion 32

32.1 *Aufgaben:*

1. *Mache lat. zu AcIs:*

Mater exspectat: Liberi laborem facient.

_________ ______________________________________

Liberi post cenam cucinam administrabunt.

____

Marcus in horto laborabit.

____

Claudia ad tabernam ambulabit et cibos apportabit.

____

____

2. *Setze lat. in das umschreibende Futur:*
   a) Amicae Lydiam adiuvabunt. ______________________
   b) Pater portam villae claudet. ______________________

3. *Übersetze:*

a) *Felix erzählt zur Aufheiterung eine Anekdote, in der auch die Musik eine Rolle spielt:*

Tyrannus aliquando magistro praeclaro imperavit: "Doce asinum[1] lyra canere!" Magister iram tyranni timens: "Concede[2] mihi", inquit, "multos annos!" – "Quot annos?" - "Decem annos." - Tyrannus id magistro quaerenti concessit[2]. Amici magistrum circumdantes ridebant: "Non docebis asinum lyra canere." Magister autem: "Periculum", inquit, "non est. Post decem annos unus mortuus erit: aut tyrannus aut asinus aut ego."

1) asinus *Esel* 2) con-cedere (-cessi) *zugestehen*

b) Vitruvius architectus (!) multis rebus praeest. Viginti viri ei adsunt. Heri[1] tres viri defuerunt. Itaque septendecim viri ad-fuerunt. "Ubi fuistis?" architectus quaerit. Unus e viris respondet: "A-fui, quia aegrotus[2] eram." Duo viri a-fuerunt, quia apud amicum architecti statuam collocaverunt[3].

1) heri *gestern* 2) aegrotus *krank* 3) col-locare *aufstellen*

32.2 Das lästige Tafelamt

Magister Marcum tabulam purgare[1] iussit.
Marcus magna voce clamans: "Semper magister id officium mihi mandat cruciatu me affecturus[2]. Magistros vestros vos tali cruciatu affecturos non esse spero. Num tabulam semper a nobis purgari necesse est?
Magister noster eum 'honorem', qui vero labor durus est, mihi mandavit existimans me rem bene facturum esse."
Magister (tabulam purgatam videns): "Bene! Officium tuum praestitisti, Marce!"
Marcus his verbis gaudet.

1) purgare *säubern, reinigen* 2) cruciatu afficere *Qualen zufügen, quälen*

Aufgaben:

1. *Übersetze (Achte dabei schon auf AcIs und Partizipien und merke sie dir im Text an!)*
2. *Schreibe lat. die AcIs heraus (A, I, übergeordnetes Prädikat, Zeitverhältnis)*
3. *Schreibe lat. die Partizipien heraus (Part., Bez.Wort)*
4. *Bilde die lateinischen Fragen:*
   a) *Schläfst du?* (dormire)

   ____

   b) *Du schläfst doch wohl nicht?*

   ____

   c) *Wer schläft?*

   ____

Klassenarbeiten nach Lektion 33

33.1 1. *Übersetze:* **Cornelius hat Ambitionen**

Cornelius, adulescens nobilis, in forum venit. Quid novi ibi audit? Amicus ei narrat Caesarem consulatum petiturum esse. Etiam Cornelius rem publicam accessurus est. Sperat se quoque consulem futurum esse. Antea autem cursum honorum, id est *(d. h.)* quattuor gradus, percurrere ei necesse est. Sed multos cives se *(ihn)* adiuturos et se consulem creaturos esse sperat. Hoc officium non modo honorem, sed etiam laborem esse non ignorat. Nam magnum imperium - ut Romanum - administrare res difficilis est.

2. *Nenne die einzelnen Stufen des römischen "cursus honorum" und beschreibe die Aufgabenbereiche der jeweiligen Beamten.*
3. *Ordne folgenden römischen Zahlenzeichen das jeweilige lateinische Zahlwort zu:* III - VI - IX - XII - XX - XIX - C - M
4. *Erläutere die Überschrift von L 31 L: "Die Römer hatten den Bogen raus".*
5. *Beschreibe die Anlage und die Intention eines römischen "Wasserkastells"* (castellum aquaeductus).

33.2 Daedalus in Creta undique **clausus** insulam relinquere in animo habuit. Pennis in litore collectis alas fecit per aerem **volaturus**. Icarus, filius eius, in aere **pendens** valde gaudebat. Hic dixit: "Spero nos mox Cretam relicturos[1)] et in Graeciam perventuros esse." Ille monuit: "Periculum erit, si soli nimis appropinquabis." Sed alae filii non **parentis** sole solutae sunt.

1) relicturus *von* relinquere

Aufgaben:

1. *Übersetze ins Deutsche.*
2. *Übersetze die vier fettgedruckten Partizipien mitsamt den von ihnen abhängenden Wörtern noch einmal, und zwar anders als in deiner ersten Übersetzung.*

   ZUSATZ: *Schreibe von den drei unterstrichenen Verbformen den Infinitiv Präsens und die Stammformen des Verbs hin.*

Klassenarbeiten nach Lektion 34

34.1 Unus ex hominibus ludentibus pilam vehementer pulsavit. Haec tonsorem servum **radentem**[1] pepulit. Qui servum cultro tonsorio[2] interfecit.

In quo culpa erat?

Nonne in tonsore radente, qui pilam **volantem** videre debuit?

An in homine nimis vehementer pilam **pulsante**?

Num in servo raso[1], quia periculum **appropinquans** non observaverat?

1) radere *PPP* rasus *rasieren* 2) culter tonsorius *Rasiermesser*

Aufgaben:

1. *Übersetze.*
2. *Übersetze die vier fettgedruckten Partizipien nochmals, und zwar anders als in deiner ersten Übersetzung.*
3. ZUSATZ: *Schreibe zu den drei unterstrichenen Verbformen die Infinitive und die Stammformen hin.*

34.2 *Übersetze:*

Familia architecti in nobili domo ad parvum pontem sita vivebat. Uno die uxor architecti luxuria commota viginti amicos amicasque ad cenam invitavit. Haec cena non erat simplex, sed divisa est in undecim partes. Itaque tribus servis imperia dominae exspectantibus nonnullas tabulas[1] dedit, in quibus eas res scripserat[2], quas servi emere debebant.

„Cunctas illas res“, inquit, „statim in foro emetis. Necesse enim est illos cibos mox ad cenam meam parari. Nam vespere non modo amicos, sed etiam vos servos et quattuor peregrinos ex urbe Hamburgensi[3] multis bonis rebus opere vestro paratis delectabo.“

1) tabula *Schreibtafel* 2) scribere, scribo, scripsi, scriptum *(auf)schreiben*
3) urbs Hamburgensis: *Rate die Bedeutung!*

34.3 A *Übersetze:* **De philosophis Graecis**

1. Quis vestrum ignorat multos philosophos in Graecia vixisse?
2. Graeci Romanis philosophia et artibus multo praestitisse dicuntur.
3. Velut Diogenes demonstravit cives opulentos luxuriae se dare et vitam rectam non quaerere.
4. Ille philosophus contumelias dixit cives suos lacessiturus.
5. Alius philosophus erat Socrates, qui anno a. Chr. n. quadringentesimo undeoctogesimo Athenis[1)] natus est.
6. Iste vir acriter cum amicis et peregrinis disputavisse videtur affirmans se nihil scire, quamquam omnes homines prudentia vicit.
7. Aliud exemplum philosophi est Archimedes, qui Syracusis[2)] vixit.
8. Ibi a milite Romano necatus esse traditur, dum formas geometricas pinxit[3)].

1) Athenis *in Athen* 2) Syracusis *in Syrakus* 3) pingere, pingo, pinxi *malen*

B *Sprachbeherrschung*

1. *Umformungsübung - Setze in die entsprechende Perfektform! (5 BE)*

1.1 spernit 1.2 cupimus 1.3 detegunt 1.4 edicis 1.5 contrahitis

2. *Umformungsübung - Bilde ppp-Formen (Nom. Sg. m)! (4 BE)*

2.1 secare 2.2 proicere 2.3 videre 2.4 lacessere

3. *Erkennungsübung - Nenne zu den Partizipien den Infinitiv Präsens Aktiv und eine deutsche Bedeutung! (4 BE)*

3.1 factum 3.2 dicta 3.3 possessis 3.4 adiutus

C *Sprache und Kultur*

1. *Von welchen* ***lateinischen*** *Wörtern leiten sich folgende* ***deutsche*** *Wörter ab? Gib die* ***deutsche*** *Bedeutung der* ***lateinischen*** *Wörter an: (2 BE)*

1.1 Pretiosen *von:* ________________ *dt.:* ____________________

1.2 liberal *von:* ________________ *dt.:* ____________________

2.1 *Erkläre kurz den Begriff „Demokratie“!*

2.2 *Warum führte Perikles „Diäten“ ein?*

2.3 *Was verstehst du unter „Hellenismus“?*

Lösungen zu

FELIX

Die Klassenarbeiten 1

2

1. Übersetzung

Hier ist die Markthalle. Die Tore stehen offen. In der Nähe sitzt schon der Prätor und spricht Recht. Überall eilen die Sklaven und Sklavinnen. Die Rechtsanwälte schreien und diskutieren. Das Volk steht im Kreis herum. Nun kommen Marcus und Claudia heran und grüßen: „Sei gegrüßt."

2. a) mercatores: die Kaufleute b) tabernae: die Läden c) templa: die Tempel d) intrant: sie treten ein e) sunt: sie sind f) sedent: sie sitzen

3. a) statua: die Statue b) senator: der Senator c) argentarius: der Geldwechsler d) stat: (er, sie, es) steht e) accedit: (er, sie, es) kommt heran f) patet: (er, sie, es) steht offen

3

1. Übersetzung

Hier ist das Forum. Überall eilen Herren und Damen, Sklaven und Sklavinnen. Die Kaufleute schreien. Es fehlen weder Geldwechsler noch Goldschmiede.

Dort ist die Kurie. Die Tore stehen schon offen. Aber die Senatoren treten nicht ein; sie stehen und diskutieren.

Dort ist die Markthalle. In der Nähe sitzt der Prätor und spricht Recht. Das Volk kommt herbei und steht im Kreis herum.

Nun kommt Marcus und ruft: „Beeile dich, Claudia, und schau!"

Claudia nähert sich. Sie grüßt: „Salve (Sei gegrüßt), Markus." Der Freund und die Freundin schauen sich um und freuen sich.

2. Nunc Claudia accedit et salutat: „Salve." : Nun nähert sich Claudia und grüßt: „Salve (Sei gegrüßt)."

3. Hic templa sunt, ibi statuae sunt. – Mercator: „Appropinquate, domini et matronae!"

4. propera

5. Amicae salutant. – Mercatores accedunt. – Praetores prope sedent.

6. populus – servus – dominus – vocare

4.1

1. Übersetzung

Der Goldschmied ruft: „Kommen Sie her, meine Herren, schauen Sie, meine Damen!" Seht, hier gibt es Gold und Silber (Gold und Silber fehlen hier nicht). Wie sie glänzen!" Auch Claudia nähert sich. Denn sie sucht einen Ring. Aber plötzlich sieht sie den Ring nicht mehr. Wo ist der Ring?

Der Goldschmied ruft die Sklaven, Claudia ihre Freundinnen. Weder Sklaven noch Freundinnen sehen den Ring. Da bringt Marcus den Ring. Denn er ärgert Claudia gern.

2.

1. z.B. aurarius, domini 2. amicas 3. Claudia 4. Claudiam 5. Vokativ

4.2
1. Übersetzung
Claudia und Marcus sehen einen Laden. Der Kaufmann ruft: „Kommt herbei, Freunde! Seht: hier liegen Ringe und Armbänder, dort Ketten." Sie treten ein und grüßen den Kaufmann. Drinnen sieht Claudia die wunderbaren Dinge und freut sich.
2.
a) tabernam: Akk. Sg. – mercator: Nom. Sg. – amici: Vok. Pl. – anuli: Nom. Pl. – armillae. Nom. Pl. – catenae: Nom. Pl. – mercatorem: Akk. Sg. – miracula: Akk. Pl.
b) I Claudia – Marcus – mercator – anuli – armillae – catenae – Claudia
II tabernam – mercatorem – miracula

4.3
1. Endungen: appropinq-uant – acced-unt – pet-it – caten-a – tabern-am
2. Übersetzung
Der Markt hat schon geöffnet. Die Kaufleute stehen und schreien. Herren und Damen stehen herum. Nun nähern sich Claudia und Marcus. In der Nähe steht ein Goldschmied. Dort glänzen Gold und Silber. Frauen kommen her und schauen. Was sehen sie? Drinnen sind wunderbare Dinge. Auch Claudia geht zum Laden, denn sie sucht eine Kette. Schau! Hier liegt eine Kette. Wie sie glänzt! Claudia hält es nicht mehr aus, sondern betritt sofort den Laden. Auch Marcus kommt her. Der Goldschmied grüßt: „Salvete! (Seid gegrüßt!)" Marcus sagt: „Helfen Sie Claudia, denn sie sucht eine Kette." Aber Claudia ruft: „Hier ist etwas Wunderbares. Geben Sie mir die Kette!"
3. lecticam – locum – dominum – monumentum – praetorem

5.1
Übersetzung
Marcus ist mit Claudia immer noch auf dem Forum. Während sie das Forum, die Markthalle und die Denkmäler betrachten, nähern sich Sklaven mit einer Sänfte. Sie bringen den Senator Lucius Calvisius. Sie schreien: „Macht Platz! Mach auch du Platz! Denn der Senator will zur Kurie." Sie stellen die Sänfte an der Kurie ab, der Senator betritt die Kurie. Während er die Kurie betritt, grüßt er Herren und Senatoren. Plötzlich aber schweigt er. Warum schweigt er? In der Tat sieht er folgende Graffiti und Worte:...
Aufgaben
1. Et coma et calva defluunt
3. a) templa – templis – templo – templum – templo – templum
b) mercatoribus – mercatores – mercator – mercatore – mercatorem – mercatores
4. a) Senatores: Subjekt – in curia: Adverbiale – praetores: Objekt – salutant: Prädikat
b) Mercatores: Subjekt – in foro: Adverbiale – negotia: Objekt – agunt: Prädikat.

5.2
1. Übersetzung
Der Senator nähert sich mit seinen Sklaven. Da ruft Marcus: „Schau den Senator an, Freundin! Wo sind seine Haare? Schau! Calvisius sucht seine Haare."
Der Senator eilt vom Forum in die Kurie. Denn er erträgt den Spott nicht mehr.
2. a) senator: Nom. Sg. – servis: Abl. Pl. – senatorem: Akk. Sg. – amica: Vok. Sg. – comae: Nom. Pl. – comas: Akk. Pl. – senator: Nom. Sg. – foro: Abl. Sg. – curiam: Akk. Sg. – ludibrium: Akk. Sg.
b) I senator – Marcus – comae – Calvisius – senator
II senatorem – comas – ludibrium

5.3

1. in via: auf der Straße – in lectica: in der Sänfte – ad basilicam: zur Markthalle – cum praetore: mit dem Prätor – ex sacco: aus dem Sack – a taberna: vom Laden

2. studetis – trepidatis – parcetis – reprehenditis – agitis – liberatis – stupetis – petitis – sedetis - probatis

discedimus – descendimus – retinemus – probamus – monemus – placamus – quaerimus – deponemus – paremus – dubitamus

3. Übersetzung

Marcus Licinius geht zum Goldschmied: „Sei gegrüßt, Titus! Ich suche einen Armreif, denn meine Freundin Claudia liebt Armreifen. Zeige mir Gold und Silber!" – Titus ergreift einen Armreif auf dem Tisch und zeigt ihn: „Schau, wie er glänzt! Es ist ein wunderbares Stück!" Marcus Licinius prüft den Armreif, aber plötzlich läuft ein Sklave herbei, verletzt Marcus, ergreift den Armreif und schon rennt er aus dem Laden hinaus. Titus und Marcus sind völlig überrascht (staunen), dann schreien sie: „Der Sklave ist ein Dieb! Der Armreif ist weg! Ergreift den Dieb!" Aber der Sklave ist mit dem Armreif schon im Tempel.

4. Claudia intrat tabernam et cum Marco ad forum descendit.: Claudia betritt den Laden und geht mit Markus zum Forum hinunter.

6.1

1. Übersetzung

Markus und Claudia gehen zum Forum hinunter. Herren und Sklaven, Senatoren und Kaufleute eilen. Sie machen Geschäfte. Plötzlich schweigt das Volk. Denn die Vestalin Cornelia nähert sich. Markus und Claudia grüßen und gehen aus dem Weg. Cornelia steigt zum Tempel der Vesta hinauf. Dort passt sie sorgfältig auf die Flammen auf dem Altar auf. Denn die Göttin Vesta ist in den Flammen anwesend. Sie darf die Göttin nicht durch Nachlässigkeit kränken.

Plötzlich kommt ein Sklave zum Tempel gelaufen. Der Herr bemüht sich, den Sklaven zu ergreifen. Der Herr ruft: „Der Sklave ist ein Dieb!" Aber der Sklave schreit: „Hilf, Claudia!" Cornelia befreit den Sklaven von dem Herrn. Sie bemüht sich, den Herren mit Worten zu beruhigen. Der Herr zögert nicht, nachzugeben (zu gehorchen) und lässt den Sklaven laufen.

2. 1. Mercatores in foro clamant. 2. Manlius senator cum Cassio senatore curiam intrat. 3. Mulli in mensis iacent. 4. Servus saccos et urnas e tabernis ad domicilium portat.

3. templa

4. debere – properare – esse – dimittere

6.2

A Übersetzung

Schau: dort kommt der Senator Marcus Licinius Calvisius mit dem Prätor und Anwälten und schreit: „Ergreift Cornelia! Denn sie kränkt die Göttin Vesta, indem (während) sie auf dem Forum mit den Händlern diskutiert und nicht auf die Flammen im Tempel aufpasst. Die Flammen brennen nicht mehr auf dem Altar. Die Göttin duldet aber keine Nachlässigkeit." Cornelia ruft sogleich mit Bitten die Göttin an: „Hilf deiner Sklavin! Denn sie erledigt ihre Aufgaben immer sorgfältig." Dann schweigt sie. Die Liktoren aber ergreifen Cornelia und gehen zur Gerichtshalle weg. Nun sitzt sie im Kerker und erwartet ihre Strafe.

B 1.
a) violare: a-Konjug. – b) ascendere: kons. Konjug. – c) studere: e-Konjug. – d) comprehendere: kons. Konjug. – e) tacere: e-Konjug.
2. a) Abl. Pl. *f* – b) Nom. Pl. *m* – c) Abl. Pl. *m/f* – d) Akk. Sg. *m*
3. a) emere: das einzige Verb b) quaerere: das einzige Verb der kons. Konjug. c) fure: das einzige Substantiv
4. cum praetore: mit wem? – in foro: wo? – suppliciis: womit?

6.3
Übersetzung: Der Sklave Davus
Davus ist Sklave. Er muss immer gehorchen. Denn der Herr zögert nicht, Davus zu ermahnen: „Eile aufs Forum, Davus! Bring Getreide!“ Oft tadelt er Davus mit harten Worten. Während der Herr schreit, schweigt Davus. Er darf seine Aufgaben nicht nachlässig erledigen.
Heute sind sowohl der Herr als auch Davus auf dem Forum. Der Herr schreit: „Davus ist ein Dieb. Ergreift den Sklaven, Händler!“ Da tritt Cornelia dazwischen und befreit Davus aus der Gewalt des Herrn (von dem Herrn).

1. z.B. propera: a-Konjug. (2)
2. z.B. neglegentia (4)
3. Wen oder was?
4. Prädikat
5. negotia: Akk. Pl. *n* – Cornelia: Nom. Sg. *f*

7.1
A Übersetzung
Marcus geht zum Forum Romanum hinunter. Denn er hat vor, Claudia mit einer Kette zu beschenken. Sieh da: Schon ruft der Goldschmied Titus: „Sei gegrüßt, Marcus! Was suchst du? Willst du Claudia mit einem Schmuckstück beschenken? Komm her! Ich zeige dir wunderbare Dinge.“
Marcus: „Sei gegrüßt, Titus! Jetzt sind Saturnalien. Deshalb habe ich vor, eine Kette zu kaufen. An den Saturnalien beschenken die Freunde ihre Freundinnen.“
Titus: „Das machst du richtig. Wenn du deine Freundin liebst, kaufst du Gold.“
Plötzlich kommt Claudia und schreit: „He, Marcus! Du brauchst keine Kette zu kaufen. Ich wünsche kein Gold. Denn Titus ist ein Halsabschneider (Dieb).“
B
1. a) gehorchen – b) müssen – c) Sorgfalt – d) sich bemühen – e) besänftigen
2. a) moneo – mones – monet – monemus – monetis – monent; b) placo – placas – placat – placamus – placatis – placant
3. apportas – amo – emo – servo (oder Substantiv) – gaudetis – pares
C
3. Ich bin kein (nicht) Krösus, d.h. ich bin nicht (sehr) reich.

7.2
1. Einleitung: Marcus und Claudia gehen zum Juwelier.
Gespräch im Laden.
Ende: Empörung wegen des Preises.

2. Übersetzung
Marcus ist mit seiner Freundin noch auf dem Forum. Nun gehen sie wieder zu den Läden hinunter. Denn Claudia erfreut sich nicht an Denkmälern, sondern an wunderbaren Schmuckstücken. Auch Marcus hat im Sinn, seiner Freundin Schmuck zu schenken. Deshalb gehen sie zu dem Goldschmied Titus.
Titus: „Seid gegrüßt, werte Kunden! Was wünscht ihr?"
Marcus: „Ich habe vor, meiner Freundin eine Kette zu schenken."
Titus: „Du legst dein Geld gut an, wenn du deine Freundin beschenkst."
Titus zeigt eine Kette und Markus fragt den Goldschmied nach dem Preis – und ist entsetzt. Er schreit und beschimpft den Goldschmied (kränkt den Goldschmied mit Worten).
3.
A petitis – petimus – peto – petit – petunt
B video – vides – videtis – vident – videt
4.
A Marcus: Subjekt – desiderat ... donare: Prädikat – amicam: Objekt – catena: Adverbiale
B ibi: Adverbiale – Titus: Subjekt – miracula: Objekt – ostendit: Prädikat

8.1
1. Übersetzung
Marcus: „Ich höre den Kaufmann Titus; er zeigt Schmuckstücke in seinem Laden." Er ruft: „Warum kaufen Sie nicht, meine Damen und Herren? Meine Schmuckstücke sind Wunderdinge!" Auch ein alter Mann hört das Rufen und kommt; er schaut; er sieht den Preis. Dann ruft er: „Titus, du willst Geld mit Betrug, du bist ein Halsabschneider."
2. mercatores – senes – voces – fraudibus – feneratores
3. a-Konjug.: vocat – spectat
e-Konjug.: videt
i-Konjug.: audio – audit – venit
kons. Konjug.: ostendit – emitis – quaeris
esse: sunt – es

8.2
1. Übersetzung
Markus fragt Cornelia: „Warum passt du auf die Flammen auf? Warum musst du immer im Tempel sein?" Cornelia: „Auf die Flammen auf dem Altar muss ich sorgfältig aufpassen. Denn in den Flammen ist die Göttin Vesta anwesend. Ich darf die Göttin nicht durch Nachlässigkeit kränken. Wir Römer bemühen uns immer, die Götter durch Bitten gnädig zu stimmen".
2. a-Konjug.: servas – servare – violare – placare
e-Konjug.: debes – debeo – debeo – studemus
kons. Konjug.: quaerit
esse: esse – adest
3. ich – die Göttin Vesta – ich – wir Römer

8.3
A Übersetzung
Claudia hat große Angst. Denn Marcus ist nicht da und nun muss sie allein durch die Subura nach Hause gehen. Sie steht da und schaut sich um: „Wo ist Marcus? Ich habe Angst, denn in der Subura gibt es nicht nur viele Menschen, sondern auch viele Verbrecher (Täuschungen)." Während sie dasteht und zögert, kommt plötzlich ein Unbekannter und sagt: „Wer bist du, Freundin? Warum

stehst du hier allein? Wer passt auf dich auf? Niemand?“ Er schaut sich um und sagt: „Du hast schönen Schmuck. Es sind wunderbare Stücke. Los! Ich will nicht nur die Kette, sondern ich brauche auch Geld.“ Während er vorhat, Claudia zu packen, kommen plötzlich die Wachen, halten den Räuber fest und gehen mit ihm zum Kerker weg.
B
1. a) amo – b) sentiunt – c) comprehendit – d) monemus – e) estis
2. a) flammas – b) negotiis – c) pedibus – d) servos – e) necem
3. a) Nom./Wer oder was? – b) Akk./Wen oder was? – c) Akk./Wen oder was? – d) Abl./nach Präp.

8.4
1. Übersetzung
In der Subura gibt es sehr viele Menschen. Viele Handwerker wohnen in Mietshäusern und betreiben ihre Geschäfte in ihren Läden. Claudia geht wieder mit ihrem Pädagogen durch die Subura. Denn sie hat vor, eine schöne Vase zu kaufen.
Der Töpfer ruft: „Kommen Sie her, meine Damen! Kommen Sie, meine Herren! Sie sehen schöne Vasen.“ Claudia sagt zu Xanthippus: „Du kennst doch den Töpfer? Die Vasen haben doch wohl keine Fehler?“ Aber plötzlich hören sie eine Stimme: „Gefahr droht. Helft, Freunde!“ Da eilen Claudia und Xanthippus zum Esquilin.
2. A
1. negotia (2) – 2. in insulis (1) – 3. abundat (1) – 4. in animo habet (3/4)

9.1
1. Übersetzung
Marcus und Claudia spazieren mit ihrem Pädagogen Xanthippus durch die Subura.
Nun haben sie einen Beschützer, denn Xanthippus kennt die Gefahren. Sie haben vor, zum Esquilin hinaufzusteigen. Denn dort hat ihr Vater ein Haus. Am Abend erwartet er Gäste. Deshalb müssen die Sklavinnen ein Mahl vorbereiten. Der Koch Syrus ruft aus der Küche: „Ich bereite die Speisen, und ihr, ihr schwätzt immer. Kommt mit mir in die Küche! Warum helft ihr mir nicht?“
Die Sklavinnen gehorchen und kommen. Sie wissen: Wenn sie nicht helfen, müssen sie fort zum Landhaus und dort hart arbeiten.
2. in tabernis sumus – in templo es – monumenta monstramus – servum vocas
3. ambulare – pes – aqua – pecunia – invenire
4. agis – mones – vino

9.2
Übersetzung
Publius: „Grüß dich, Markus. Was machst du?“
Marcus: „Grüß dich, Freund. Ich spaziere durch die Straßen, wie du siehst.“
Publius: „Warum kommst du nicht mit mir aufs Forum? Dort sind immer Senatoren und Kaufleute.“
Marcus: „Das ist ein guter Vorschlag (Du mahnst mich gut). Ich höre die Stimmen auf dem Forum gern. Schau, Flavus kommt zu uns. Was bringst du, Flavus?“
Flavus: „Seid gegrüßt! Mein Herr schickt mich zu euch. Ich bringe einen Brief. Ihr wartet doch auf (vermisst doch) einen Brief?“
Publius: „Lies du den Brief, wir hören zu.“
Flavus: „Ich kann nicht lesen.“
Marcus: „Alle Menschen können lesen.“
Flavus: „Aber Sklaven sind keine Menschen.“

1. tu (9) – 2. audimus (9) – 3. lege: Sg. (9)
4. Auf die Frage ‚wohin?‘ steht nach ‚in‘ der Akkusativ, auf die Frage ‚wo?‘ der Ablativ.
5. possumus

10.1
1. Übersetzung
Während Flavus die kräftigen Maultiere führt, sieht Cynthia die weiten Felder. Einige Kühe sind auf den Wiesen. Später ruft Cynthia: „Seht die großen Berge! Dort erwarten uns euer Großvater und euere Großmutter. Komm auf die Wiese, Quintus! Dort bereitet der Sklave viele Speisen vor.“
2.
a) Videte magnum montem!
b) Venite in pratum, liberi!
c) mulos firmos: Akk. Pl. *m* – agros latos: Akk. Pl. *m* – magnos montes: Akk. Pl. *m* – multos cibos: Akk. Pl. *m*

10.2
Übersetzung
1. Marcus besteigt das Fahrzeug. 2. Die Fahrzeuge fahren die Berge hinauf. 3. Der alte Mann fragt nach seinem Essen. 4. Der Inhaber der Garküche sucht den alten Mann. 5. Claudia liebt den Pädagogen nicht. 6. Der Pädagoge ruft die Kinder. 7. Die Kinder unterhalten sich im Atrium. 8. Der Herr ruft die Sklaven zur Arbeit. 9. Die Sklaven zerbrechen ein Glasgefäß. 10. Die Glasgefäße stehen in der Küche. 11. Balbus überreicht die Gläser mit dem Wein.

1. ad praetorem Romanum – 2. cum matronis antiquis – 3. e villa pulchra – 4. in montibus Albanis – 5. in viis Romanis – 6. per Africam latam – 7. per magnos agros – 8. in mulo pulchro – 9. ad servos fessos – 10. cum Marco et Claudia et paedagogo

11.1
a) multa – ampla – nonnullos – severi – maturum
b) Übersetzung
Der Verwalter zeigt viele Gebäude. In dem geräumigen Hof sieht er einige Sklaven; sie arbeiten nicht, sondern lachen. Dann tadelt er die Sklaven: „Warum arbeitet ihr nicht? Der Herr und ich müssen streng sein, weil ihr nicht gehorcht. Kommt aufs Feld! Das Getreide ist reif: Hier sollt ihr nicht sein.“
c) monstrare – videre – ridere – reprehendere – venire

11.2
1. probos – nonnullos – contentus – contenti – maturum
2. Übersetzung
Der Großvater lobt die tüchtigen Sklaven. Aber der Verwalter tadelt einige Sklaven. Sie gehorchen nicht richtig (schlecht), deshalb ist der Verwalter nicht zufrieden: „Ich muss viel tun, weil der Herr schon alt ist. Herr und Herrin, auch ihr dürft nicht zufrieden sein. Die Sklaven schlafen, während das Getreide reif ist.“
3. laudare – reprehendere – parere – esse – dormire

11.3
II.
a) magna (richtig: magnus) – lato (richtig: lata)

b) fassus (richtig: fassi) – sedet (richtig: sedent)
III. magnum – multi/multos – pulchrum – magnum – fessi/fessos – magnus
IV. Übersetzung
Publius und Cornelia sind froh. Denn sie freuen sich, weil die Sklaven die Fahrzeuge vorbereiten. Die Kinder haben vor, Rom zu verlassen. Die Albaner Berge erwarten die Kinder. Dort besitzt der Großvater ein großes Landgut. Zu dem Landgut gehören viele Äcker und verschiedene Gebäude. Das schöne Landhaus umgibt einen geräumigen Hof. In dem Landhaus wohnen der Großvater und die Großmutter und erwarten die Kinder. Sie freuen sich über Cornelia und Publius.

12.1
1. Übersetzung
Ein müder Sklave eilt zu der Großmutter: „Hilf mir, Herrin! Der Verwalter ist sehr streng; er bestraft mich oft. Während ich arbeite, ist der Verwalter nicht zufrieden. Wir Sklaven sind ordentliche Menschen. Wie wütend ist er! Du aber bist mitleidig (bist nicht frei von Mitleid). Deshalb tadle den harten Mann, besänftige den großen Zorn des Verwalters!“
2.
a) Servi fessi ad avias properant. – „Adiuvate nos, dominae!“
b) ego – ego – homo – vir – ira

12.2
A Übersetzung
Decimus kommt mit einer großen Zahl Sklaven zum Bergwerk. Sofort ruft Statilius: „Sei gegrüßt, Decimus, ich warte schon lange auf dich. Jetzt bin ich froh, denn ich brauche kräftige Sklaven.“
Decimus: „Schau, Statilius, hier sind die Germanen Armenius und Siegfried. Aber höre! Du musst diese Sklaven gut beobachten, weil sie immer betrügen; Armenius begeht sogar Morde.“
Statilius: „Ich bin ein strenger Wächter und die Arbeitsbedingungen sind hart. Wenn sie nicht gehorchen, bestrafe ich die Germanen mit heftigen Schlägen. Denn ich habe kein Mitleid.“
B
1. a) origo: Ursprung – b) timere: fürchten – c) ira: Zorn – d) clamor: Geschrei
2. a) Gen. Pl. *f* – b) Gen. Pl. *m* – c) Gen. Sg. *f* – d) Abl. Pl. *m* – e) Nom. Pl./Gen. Sg. *m* – f) Nom./Akk. Pl. *n*
3. custodem severum – custodes severos – custodum severorum – custodis severi – custode severo – custodibus severis
C
2. Zusatz a) condicionem praeclaram – condiciones praeclaras – condicionum praeclararum – condicionis praeclarae – condicione praeclara – condicionibus praeclaris

12.3
A Übersetzung
Tyrus ist ein Sklave aus Kleinasien. Er lebt noch nicht lange auf dem Landgut Er bemüht sich immer, zu gehorchen, aber er versteht die Sprache seines Herrn nicht immer. Deshalb muss er oft nicht nur den Spott der anderen Sklaven, sondern auch den Zorn des strengen Verwalters ertragen.
Schau: Wieder ruft der Verwalter mit lauter Stimme: „Los, Tyrus! Wenn du nicht sofort die großen Krüge vom Wagen in den Stall bringst, werde ich dich mit heftigen Schlägen bestrafen.“ Tyrus hört das, aber er steht da und weiß nicht, was er tun soll (staunt). Der wütende Verwalter packt den Sklaven bei den Haaren (die Haare des Sklaven), schleppt den unglücklichen Tyrus zu dem Wagen und zeigt: „Schau: Krüge ... los ... dort Stall!“

B
1. a) servae probae – senem severum – magnae nationi – labores duri
b) servorum – urnae – vehiculi – senis – vocum
c) Nom. Sg. *f* – Gen. Pl. *m* – Abl. Pl. *f* – Nom. Pl./Gen. Sg. *m* – Gen. Sg. *n*

13.1
Übersetzung
Eudoxus: „Wo kommst du her, Davus? Du musst arbeiten, du Galgenstrick!“
Davus: „Warum tadelst du mich, den du doch gut kennst? Immer hüte ich die Ziegen gut, deren Käse du liebst.“
Eudoxus: „Ziegen sehe ich hier keine (nicht). Mich aber, dessen Zorn du kennst, willst du betrügen.“
Davus: „Hör auf, mich zu beleidigen! Nun ertrage ich meine Schmerzen nicht mehr. Ich eile zum Tempel, in dem ich Hilfe von den Göttern erbitte.“
Eudoxus: „Wenn du nicht aufs Feld gehst, wirst du geprügelt (bist du nicht frei von Schlägen).“
Davus: „Weh, mein Rücken! Das Leben, das die Sklaven führen, ist hart und elend.“

1. quarum: Pl. (3)
2. dura et misera: Adjektive (10)
3. me: zu reprehendis (2)
4. semper: bestimmt das Verb ‚custodio‘ näher (2)
5. Davus erbittet Hilfe von den Göttern. – Davus geht aufs Feld. – Der Senator sucht das Grundstück des Pächters auf.
6. Aedificia, quae videmus, magna sunt.

13.2
1. qui – quem – cui – quae – quorum – quem – quos – cuius
2. dura – senex – avus
3. vilicus fundi – numerus servorum – condicio laboris – labor vilici – aula fundi

4. Übersetzung
1. Marcus und Claudia, die das Forum verlassen, haben vor, durch die Subura zum Esquilin hinaufzusteigen. 2. In der Subura, wo es sehr viele Menschen gibt, sehen sie die Friseure, Schuster, Wollarbeiter und viele andere Leute, deren Stimmen sie hören. 3. Einen alten Mann, der an einer Imbissbude steht, verjagt der Inhaber: 4. „Du hast kein Geld. Menschen, die kein Geld haben, dulde ich hier nicht.“ 5. Plötzlich nähern sich Betrunkene; Claudia, die Markus warnt, folgt nicht. 6. Später kommt der Pädagoge, den Claudia sieht. 7. Claudia ruft: „Hallo, Xanthippus!“ 8. Nun sieht auch Xanthippus Claudia, deren Stimme er hört, und kommt her: 9. „Fürchtet Betrügereien und Morde, wovon es in der Subura viel gibt!“

13.3
1. Übersetzung
Der Großvater besitzt ein großes und schönes Landgut in den Albaner Bergen. In den Ferien erwartet er Publius und Cornelia auf seinem Landgut. Auch die Großmutter, die die Kinder begrüßt, freut sich. Da der Großvater schon alt ist, besitzt er Sklaven, die aus verschiedenen Nationen stammen und ihn unterstützen. Denn zu dem Gut gehören viele große Felder; viele verschiedene Gebäude umgeben den großen Hof.

Aber nicht alle Sklaven wollen arbeiten; sie sitzen herum, schreien und lachen. Deshalb überwacht der Verwalter die Arbeiten. Er ist streng und tadelt und bestraft die Sklaven und Sklavinnen, wenn sie nicht richtig gehorchen. Der Sklave Syphax fürchtet den Zorn und die Schläge des Verwalters. Syphax: „Hier sind die Arbeitsbedingungen hart. Das Leben anderer Sklaven ist nicht so hart." – Aber der Großvater ist nicht so streng wie der Verwalter. Er hat Mitleid (ist nicht frei von Mitleid).
2. quae – cuius – quem – quos
3.
1. Servi in fundis laborant. 2. Vilici labores servorum observant.

14.1
1. Übersetzung
Die Aufgaben der Sklaven, die die Römer besaßen, waren unterschiedlich.
Auf dem Landgut des Großvaters müssen viele Sklaven die Felder bestellen. Andere, die der Großmutter helfen, sind im Haus. Die Großmutter: „Lydia, komm schnell in die Küche; bereite einige Speisen! Du musst auch die guten Weine bringen, über die der Herr sich sehr freut. Bisher war ich mit dir zufrieden und habe dich oft gelobt. Sei auch jetzt tüchtig!"
2. a) possident – sunt – sum – laudo b) quos: Akk. Pl. *m* – qui: Nom. Pl. *m* – quibus: Abl. Pl. *n*

14.2
1. Übersetzung
Cornelia fragt: „Warum bittet dich der Pächter, der das Nachbargut hat, um Hilfe?" Der Großvater erklärt: „Der Pächter war lange weg von der Heimat. Deshalb hat er seine Felder nicht bestellt. Die Kinder des Pächters, die noch klein sind, können die Arbeit nicht aushalten. Deshalb ist er jetzt arm. Ich weiß sehr wohl: Mein Nachbar ist ein rechtschaffener Mann. In den Kriegen, die unser Volk führte, hat er viele Mühen ertragen."
2.
a) abest – colit – gerit – tolerat
b) qui: Nom. Sg. *m* – qui: Nom. Pl. *m* – quae: Akk. Pl. *n*

14.3
A Übersetzung
Viele Jahre war er fort von der Heimat. Denn er war Soldat, der lange zusammen mit vielen anderen Bauern in Spanien kämpfte. In der Zwischenzeit bemühte sich seine Familie, das Feld zu bestellen, aber sie ertrug die harten Lebensumstände (Bedingungen) nicht lange. Ach, was für ein großes Unglück! Nun steht er auf dem zerstörten Feld und überlegt (staunt): Wo sind Vater und Mutter? Wo die Frau mit den Kindern? Während er sich suchend umschaut (umschaut und sucht), kommt plötzlich ein Mann herbei, der mit lauter Stimme schreit: „He du! Verschwinde von meinem Grundstück! Immer bittet ihr Bettler um Hilfe. Ich aber habe kein Mitleid. Deshalb: Verschwinde!"
B
1. a) quaerebat – b) venit – c) carebam – d) estis – e) pugnas
2. a) alium militem – b) agricola finitimo – c) corpora pulchra – d) vir bonus/virorum bonorum – e) oneribus magnis

15.1
Übersetzung
Dionysius: „Du warst nicht furchtsam, Moerus. Denn du hattest keine Angst vor meinen Soldaten und Sklaven. Aber jetzt musst du sterben." Moerus: „Lebensgefahr erschreckt mich nicht. Aber vor

der Hinrichtung muss ich meine Tochter verheiraten." Dionysius bewachte einen Freund des Moerus als Geisel im Gefängnis, Moerus ging weg.
Später bereitete der Tyrann die Hinrichtung des Freundes vor. Moerus aber kam rechtzeitig zurück und rettete den Freund. Dionysius: „Ich verzeihe euch. Ich habe mir immer Freunde gewünscht/Ich hatte immer keine Freunde. Nun habe ich Freunde gefunden."

1. discessit (5)
2. egui (8)
3. vitae (3): a-Deklination
4. nunc (2/8) / semper (8)
5. custodiebat: Längerer Vorgang als Hintergrund, keine einmalige Handlung.

15.2
1. intrabamus/intravimus – portabam/portavi – dubitabatis/dubitavistis – monstrabant/monstraverunt/ - eratis/fuistis – audiebat/audivit – sciebant/sciverunt – custodiebam/custodivi
2. Homines, qui periculum sentiebant, e villa discedere studebant.: Die Menschen, die die Gefahr bemerkten, bemühten sich, aus dem Haus zu entkommen.
3. Übersetzung
Die Sklaven, die auf dem Gut des Lucilius sind, leben in großem Unglück. Denn Lucilius ist ein strenger Herr. Oft müssen die Sklaven und Sklavinnen die Schläge des Herrn ertragen. Andere Bauern sind nicht so hart. Der Sklave Lydus klagt: „Warum ist unser Herr so mitleidlos? Immer tadelt er uns, oft bestraft er uns. Ich habe große Angst vor der Mühle. Warum sind die Arbeitsbedingungen hart?"
Der Sklave Gallus, der einst in Gallien lebte, ruft: „Lydus, warum fürchtest du den Herrn? Gehorche und sei anständig! So bekommst du den Zorn des Herrn nicht zu spüren (spürst du den Zorn des Herrn nicht). Ich weiß: Unser Herr ist nicht mitleidlos. Aber jetzt kommt mit mir! Das Essen erwartet (Die Speisen erwarten) uns. Hört auf, auf euren Herrn zu schimpfen (euren Herrn zu tadeln)!"

15.3
1. Übersetzung
Cornelia und Marcus besuchen ihren Großvater in den Albaner Bergen und fragen ihn: „Großvater, warum hat der Nachbar keine Sklaven, warum ist er in Not?"
Der Großvater erklärt: „Einst führte das römische Volk immer wieder Kriege. Vor allem die Bauern trugen die Lasten des Krieges. Viele Jahre waren sie fort von der Heimat, ihre Familien bemühten sich, die Felder zu bestellen. Aber ohne die Hilfe der Väter mussten sie die Felder verkaufen. Die aber, die viel besaßen, wollten die Felder der armen Bauern kaufen. So gingen viele Bauern weg in die Städte. Der Urgroßvater unseres Nachbarn aber, der große Lasten ertrug, ging dennoch nicht fort nach Rom. So lebte er ebenso im Unglück, wie jetzt unser Nachbar."
2. In dem Text werden grundsätzliche, länger dauernde Zustände geschildert.
3. miles – nullus – bestia – salutare
4. gerunt – probant – coloni
5. audiebant – erat – pugnavimus – sentit – habuimus

16.1
A Übersetzung
Wie mein Onkel gestorben ist, der ein tapferer Soldat und berühmter Autor war? Ich will dir von der schrecklichen Nacht erzählen, die nicht nur Plinius, sondern alle Menschen, die dort lebten, ausgelöscht hat.

Während überall in Italien schon heller Tag (helles Licht) ist, ist hier die stockdunkle (dichte) Nacht nicht gewichen. Die einen saßen in ihren Häusern, weil sie die Asche und die Steine fürchteten; die anderen standen im Freien, weil das Erdbeben die Gebäude erschütterte. Plinius eilte als Einziger an die Küste, weil er die wunderbare Erscheinung genau betrachten (das Wunder erkennen) wollte. Der Schwefeldampf (Geruch des Schwefels) tötete aber den bedeutenden Mann, der dort heiter die sonderbare Wolke betrachtete.
B
1. a) periculo terribili – b) magnis vocibus – c) amicorum tristium – d) vita hilaris – e) corpus admirabile
2. a) Präs.; cognoscebatis, cognovistis – b) Impf.; monet, monuit – c) Perf.; ascendunt, ascendebant – d) Präs.; eramus, fuimus – e) Präs.; sentiebam, sensi
3. a) exstinguo, exstinxi, exstinctum – b) deleo, delevi, deletum – c) descendo, descendi, descensum
C 2. Zusatz: Auch wenn alle (etwas tun), ich nicht.
Plinius unterscheidet sich dadurch von allen anderen, dass er als Einziger an den Strand geht.

16.2
I.
1. Abschnitt: Imperfekt. Es wird die Situation nach dem Ausbruch des Vesuvs beschrieben.
2. Abschnitt: Fast ausschließlich Perfekt. Wir erfahren, was Plinius in dieser Situation tat.
3. Abschnitt: Ebenfalls Perfekt. Beschrieben werden die Handlungen der Menschen bis zum Tod des Plinius.
II.
A 1. texerunt – 2. petivistis – 3. ascendisti – 4. fuistis
B 1. audivistis – 2. sensisti – 3. decesserunt – 4. habui
III.
A voce tristi – vocem tristem – voces tristes – vocibus tristibus – voces tristes – vocum tristium
B senem fortem – senes fortes – senibus fortibus – senum fortium – senes fortes – senum fortium
IV. Übersetzung
Plinius, ein tapferer Mann, wollte die wunderbare Erscheinung aus größerer Nähe genau betrachten. Er bestieg ein Schiff und fuhr nach Stabiae, wo sein Freund Pomponianus lebte. Hier begrüßte er die Freunde, beruhigte den Freund und seine Familie, die alle Angst vor dem großen Unheil hatten. Später speisten sie, dann schliefen sie, weil es Nacht war.
Plötzlich schwankten um Mitternacht die Gebäude. Alle liefen aus dem Haus zur Küste und suchten ihr Heil in der Flucht. Der Schwefeldampf (Geruch des Schwefels) tötete aber viele Menschen. Auch Plinius starb, der seinen Freunden mit großem Mut helfen wollte.

16.3
1. Übersetzung
Pomponianus: „Wir waren in Stabiae (der Stadt Stabiae), in unserem Haus. Wir beobachteten die schreckliche Wolke, die über dem (Berg) Vesuv war. Asche und Steine bedeckten auch unser Haus. Überall war Nacht. Dann aber kam ein Schiff von Misenum, auf dem unser Freund Plinius war. Er stieg vom Schiff herunter, eilte zu unserem Haus und begrüßte uns alle.
Weil wir große Angst hatten (sehr zitterten), ermahnte uns Plinius mit fröhlicher Stimme: „Wovor habt ihr Angst? Ich will die seltsame Wolke von hier aus beobachten."
Dann aß er, später schlief er. Wir waren nicht so tapfer. Denn plötzlich schwankten die Gebäude. Deshalb liefen wir aus dem Haus zur Küste. Die Menschen, die in den Häusern waren, tötete der Schwefeldampf (Geruch des Schwefels). So starb auch Plinius.
2. agit – onere

3. illustris – fortes – terribile
4. omnis: jeder – familiaris: Freund – epistula: Brief – nobilis: vornehm – libertas: Freiheit

17
1. Übersetzung
Einige Freund waren mit Plinius in Stabiae. Später erzählen sie, der berühmte Mann sei heiter gewesen. Die Freunde, die im Innenhof waren, hörten, dass er im Schlafraum schlief. Dann warnten ihn (den Mann) die Freunde, denn sie sahen, dass Asche und Steine Haus und Straßen bedeckten. Sie eilten aus dem Haus auf die Straße. Sie glauben, dass der Schwefeldampf (Geruch des Schwefels) Plinius an der Küste umgebracht hat. Auch andere sind gestorben.
2.
a) Amicus narrat cinerem malum fuisse.: Ein Freund erzählt, die Asche sei schlimm gewesen.
b) Vesuvium nonnulla oppida delevisse scimus.: Wir wissen, dass der Vesuv einige Städte zerstört hat.
3. viros nobiles – oppidum illustre – periculis magnis

18.1
1. Übersetzung
Plinius fuhr mit dem Schiff schnell nach Stabiae. In Stabiae begrüßte er seine Freunde, deren Haus dort war. Der bewundernswerte Mann fürchtete sich vor nichts; die Freunde erzählen, er sei heiter gewesen. Während die Asche das Haus zudeckte, hatte er keine Angst. Die Freunde sahen, dass er (der Mann) sogar aß. Später trieb die Gefahr alle aus dem Haus. Auch Plinius eilte zur Küste und verlor dort sein Leben. Die Sklaven glauben, dass der Schwefeldampf (Geruch des Schwefels) ihren Herrn umgebracht hat.
2. a) Amici narrant Plinium familiares adiuvisse.: Die Freunde erzählen, Plinius habe seinen Bekannten geholfen.
b) Multos homines de vita decessisse verisimile est.: Es ist wahrscheinlich, dass viele Menschen umgekommen sind.
3. virum nobilem – oppida illustria – periculo magno

18.2
1.
tetigerunt: tetigebant (Reduplikationsperf.) – occidisti: occidebas (Reduplikationsperf.) – descendistis: descendebatis (Perf. ohne Stammveränderung) – viderunt: videbant (Dehnungsperf.) – veni: veniebam (Dehnungsperf.) – adiuvimus: adiuvabamus (Dehnungsperf.) – invenisti: inveniebas (Dehnungsperf.) – iussit: iubebat (s-Perf.) – petivi: petebam (v-Perf.)
2.
a) Plinium de nave descendisse servi sciebant.
b) Periculum non esse Pompeiani credebant.
c) Spurium in tuto esse Quintus non audivit.
d) Multos homines de vita decessisse mercator Capuensis narrat.
e) Publium Muranum vicisse in pariete legimus.
3. tam illustria oppida cecidisse, tot familiares occidisse: tam illustria oppida ceciderunt, tot familiares occiderunt – Vesuvium familiam Spurii occidisse: Vesuvius familiam Spurii occidit – in tuto esse aut salutem fuga petivisse: in tuto est aut salutem fuga petivit
Übersetzung
Es ist kaum glaubhaft, dass so bedeutende Städte zerstört wurden und so viele Bekannte umkamen. Neulich war ich in (der Stadt) Pompeii. Überall fand ich fröhliche Menschen. Ich kam zur Palaestra

(zum Ringplatz), wo ich meinen Freund Spurius sah. Spurius bat mich um Hilfe, denn er suchte seinen Sohn. Deshalb half ich dem Freund; wir beide liefen durch die Straßen. Zufällig fanden wir den Sohn auf dem Forum. Nun hat der Vesuv wahrscheinlich die Familie des Spurius umgebracht (Nun ist es wahrscheinlich, dass ...). Denn ich habe nicht gehört, dass Spurius in Sicherheit ist, oder sein Heil in der Flucht gesucht hat.)
4. Felix Pompeios oppidum illustre fuisse explicat.: Felix erklärt, das Pompeii eine bedeutende Stadt war.

19.1
A Übersetzung
Schon gab es ein schreckliches Geschrei. Denn überall im Amphitheater saßen Leute aus den Nachbarstädten, die laut schrien. Dann betraten die Gladiatoren die Arena. Die einen unterstützten mit lauter Stimme den Soldaten, die anderen den „Fischer“. Sofort rannte der „Fischer“ durch die Arena und warf seinen Dreizack nach dem Gegner. Weil der aber über dessen Kopf flog, griff der Soldat seinen Gegner (den Körper des Gegners) mit dem Schwert an. Dieser suchte – nun nicht mehr tapfer – sein Heil in der Flucht. Die Zuschauer sahen, dass die „Rotbarbe“ dem „Fischer“ nachrannte, den sie aber nicht ergreifen konnte. Deshalb warf „sie“ ihm ihren Schild ins Genick und ... tötete ihn. Es ist ein Wunder, dass eine Rotbarbe einen Fischer getötet hat.
B 1. a) incido, incidi: hineinfallen – b) vinco, vici, victum: siegen – c) iubeo, iussi, iussum: befehlen
2. a) via insigni: Abl. Sg. *f* – b) corpus turpe: Nom./Akk. Sg. *n* – c) litorum praeclarorum: Gen. Pl. *n* – d) multitudo terribilis: Nom. Sg. *f*
3. a) eum: Akk. Sg. *m* – b) ea: Nom. Sg. *f*/Abl. Sg. *f*/Nom. Pl. *n*/Akk. Pl. *n* – c) ii: Nom. Pl. *m* – id: Nom./Akk. Sg. *n*
C 2. Zusatz: a) Mullum ... currere viderunt (7)
b) Ein Wortspiel mit dem Spitznamen des Soldaten als Fisch und der Bezeichnung des Dreizackkämpfers als „Fischer“.

19.2
Übersetzung
Der Vater Quintus war neulich in Pompeii (der Stadt Pompeii) und hat Freunde besucht. Nun aber hört er von einem Boten, dass der (Berg) Vesuv diese Stadt zerstört und viele Menschen getötet hat. Quintus: „Mit meinem Freund Cornelius, bei dem ich lange geblieben bin, bin ich oft durch die breiten Straßen dieser Stadt spaziert. An einer Häuserwand sahen wir die Namen berühmter Gladiatoren, wie z.B. „SERRANUS HAT DREIMAL GESIEGT.“ Dann kamen wir zum Amphitheater. Wir schauten den Gladiatorenkämpfen zu. Wir hörten, dass einige Pompeianer, die im Amphitheater saßen, die Gladiatoren mit lautem Geschrei anfeuerten (unterstützten), andere Beschimpfungen riefen.
Nun glaube ich, dass alle umgekommen sind. Wahrscheinlich hat der Vesuv auch Cornelius und seine Familie umgebracht. Wehe!“
2.
1. Nubem e Vesuvio monte ascendisse mercatores narrant.
2. Pompeios oppidum pulchrum fuisse non ignoramus.
3. vidi – habui – cecidimus – mansimus – tetigimus
4. ibi

20.1
1. Übersetzung
Die Römer opferten den Göttern, die ihnen halfen. Die Götter hatten große Tempel, die Rom (die

Stadt Rom) schön und glänzend machten (durch die Rom ... war). Der Großvater sagt: „Dem Mars opfern wir sogar Stiere, weil er dem römischen Volk immer gnädig war.“ Cornelia fragt: „Warum ist Mars ein Freund des römischen Volkes?“ Der Großvater: „Wir wissen, dass Romulus, der Gründer Roms, ein Sohn dieses Gottes war.“
2.
a) Romanus ei deo, qui se adiuvabat, sacra faciebat.: Der Römer opferte dem Gott, der ihm half.
b) Dei magna templa possidebant.

20.2
Übersetzung
Aeneas, der ein Geschrei hörte, rannte aus seinem Haus. Überall sah er die Gebäude der Stadt in Flammen (brennen). Da sagte er zu seinem Sohn: „Sieh das Unglück unserer Stadt! Schon sind viele Gebäude eingestürzt. Warum müssen wir das ertragen? Immer opfern wir den Göttern; jetzt helfen uns die Götter nicht. Du bleib im Haus! Ich eile den Freunden zu Hilfe (um den Freunden zu helfen).“ Während er durch die Straßen der Stadt eilt, sieht er, dass viele Trojaner schon tot sind. Schließlich erkennt er, dass er sein Heil in der Flucht suchen muss.

20.3
Übersetzung
Während viele Menschen im Amphitheater das große Schauspiel erwarteten, kamen die wilden Tiere noch nicht zu den Gladiatoren. Da machte es Titus und anderen Pompeianern Spaß, ihre Nachbarn zu verspotten: „Alle Nuceriner sind doof.“ Aber Lucius, der aus Nuceria kommt, ruft: „Derjenige, dem die Pompeianer gefallen, ist doof.“ Die einen versuchen den Titus, die anderen den Lucius zu besänftigen. Plötzlich hören alle: „Die Nucerinerlein sind voll Wein, die Nucerinerlein sind voll Wein.“ Sofort singen Lucius und seine Freunde: „Dämlich sind, hey, die Männer aus Pompeii; dämlich sind, hey, die Männer aus Pompeii.“
Wir wissen, dass sie später Steine warfen und viele Unschuldige töteten.
1. Pompeianis: Dat. Pl. – verbis: Abl. Pl.
2. Wem nähern sie sich?
3. Suos: bezieht sich „zurück“ auf ‚Tito‘ und ‚Pompeianis‘
Freiwillig:
5. misisse et ... necavisse: „vorzeitig“ zu ‚scimus‘, da die Geschehnisse im Amphitheater vor dem ‚Wissen‘ stattgefunden haben
6. Cur nobis haec narravisti?

21.1
Übersetzung
Die Trojaner kamen aus der Stadt, als sie plötzlich ein großes Pferd am Strand sahen. Nachdem sie zu ihm hingegangen waren, rannte der Priester Laokoon zu ihnen und schrie mit lauter Stimme: „In diesem Pferd lauert (ist) große Gefahr. Wir müssen es zerstören. Wenn wir es in die Stadt bringen, fürchte ich großen Zorn der Götter. Wer rettet uns?“ Aber der Mann rief vergeblich. Obwohl die Trojaner sehr wohl wussten, dass die Griechen die Täuschung lieben, zogen sie das Pferd durch das Stadttor.
1. cum: temporal – postquam: temporal – si: kondizional – quamquam: konzessiv
2. z.B. veniunt – spectant – appropinquant – currit – clamat – trahunt

21.2
1. Übersetzung
Viele Bürger (Eine Menge Bürger) laufen auf dem Marsfeld zusammen, weil das Volk heute ein Sühneopfer erwartet. Schau, schon nähert sich der Festzug! Die Menschen sehen die Männer, die die Tuba blasen; dann sehen sie den Censor einherschreiten. Er befiehlt den Priestern: „Übergebt mir Schwein, Schaf und Stier!"
Dann tötet der Censor mit dem Opferschauer vor dem Altar die Opfertiere, die Priester singen Lieder. Nachdem der Opferschauer dem Volk das Ende des Opfers verkündet hat, ruft einer von den Priestern mit lauter Stimme: „Mars, steh allen Bürgern bei, steh der Stadt Rom bei!"
Denn die Römer glauben, dass ihnen die Götter beistehen, wenn sie ihnen Opfer bringen.
3. 1. laudas – 2. navis – 3. viris
4. 1. Gladiatoribus gladii sunt. 2. Amico adesse debeo.
5. Mars/Ares: Krieg – Jupiter/Zeus: Göttervater, oberster Gott – Merkur/Hermes: Götterbote – Neptun/Poseidon: Gott des Meeres

22.1
A Übersetzung
Schon zogen die Gefährten das große Pferd in die Stadt, obwohl der Priester Laokoon sie zu warnen versuchte. Schon schliefen alle, als plötzlich die Griechen aus dem Pferd herunterstiegen.
Ich aber, während ich innerhalb der Mauern meine Familie suche – schau, da sehe ich plötzlich Helena in der Nähe des Tempels des Neptun sitzen. Sofort will ich sie töten, aber die Mutter hält mich zurück: „Mein Sohn, verschone Helena, auch wenn sie eine große Zahl edler Männer zu den Schatten geschickt hat. Erkenne: du wirst der Vater der Herren der Welt sein; du wirst die Stadt erbauen, die alle Völker Hauptstadt der Welt nennen werden; du und deine Nachkommen, ihr werdet die Grenzen des Reiches bis zu den Sternen ausdehnen."
B 1. a) quam omnes nationes ... vocabunt b) quamquam Laocoon ... temptavit
c) cum ... Graeci ... descenderunt
2. a) Perfekt für die einmaligen Handlungen, Imperfekt für die Zustandsbeschreibung (dormiebant).
b) Historisches Präsens, um die Erzählung spannender zu machen.
c) Futur für die Weissagung.

22.2
Übersetzung
Nachdem Aeneas erkannt hatte, dass das Pferd der Griechen eine List war, rannte er zu seinem Haus. Überall sah er griechische Soldaten, die in die Häuser gingen und trojanische Bürger töteten.
Obwohl die Gefahr groß war, versammelte er dennoch Freunde und Gefährten und sagte: „Weil die Griechen alle unsere Häuser zerstören und die Freunde töten oder vertreiben werden, werde ich meinen Vater und meinen Sohn retten. Mein Vater wird die Penaten mitnehmen (bei sich haben). Aber wo ist meine Frau? Vielleicht haben die Griechen sie weggeschleppt (weggeführt)."
Aeneas hat seine Frau nicht mehr gefunden. Seine Frau wandelt nun unter den Schatten der Toten. Schließlich kam Aeneas mit seinen Freunden, aber ohne seinen Vater, der gestorben (tot) war, nach Italien. Dort erbauten die Trojaner eine neue Stadt.

23.1
Übersetzung
Der alte Numitor erzählt Remus:
„Ich war der König von Alba Longa.

Mein Bruder Amulius raubte mir die Herrschaft. Aber meine Tochter Rea Silvia hatte zwei Söhne, die Zwillinge waren. Da befahl Amulius einem Sklaven, die Jungen in den Fluss zu werfen. Eine Wölfin hat sie gefunden. Später hörte der Hirte Faustulus sie weinen und brachte sie in seine Hütte. Mit seiner Frau Larentia hat er sie aufgezogen.
Wer bist du? Ich habe gehört, dass du in der Hütte des Faustulus gelebt hast."

rapiet – habebit – iubebit – inveniet – audiet – portabit – educabit
Mein Bruder Amulius wird mir die Herrschaft rauben. Aber meine Tochter Rea Silvia wird zwei Söhne haben, die Zwillinge sind. Da wird Amulius einem Sklaven befehlen, die Jungen in den Fluss zu werfen. Eine Wölfin wird sie finden. Später wird der Hirte Faustulus sie weinen hören und sie in seine Hütte bringen. Mit seiner Frau Larentia wird er sie aufziehen.

23.2
Übersetzung
Rea bat mit trauriger Stimme: „Du, der du ein mächtiger Gott bist, komm und rette meine Söhne!" Mars hörte Rea Silvia. Plötzlich kam er vom Himmel herunter. „Warum weinst du? Ich werde euch sicher retten. Amulius wird dich nicht töten. Ich werde auch deine Söhne beschützen, auch wenn ich weiß, dass die Sklaven des Amulius sie schon in den Fluss geworfen haben. Aber ich habe dem Vater Tiber befohlen, den Korb ans Ufer zu treiben. Dort wird eine Wölfin die Jungen finden und ernähren. Später wird der Hirte Faustulus sie zu Larentia bringen. Du wirst feststellen, dass die zwei Jungen außerordentlich tüchtig sind (dass die Tüchtigkeit der zwei Jungen ungeheuer ist). Deshalb werdet ihr alle Glück haben."

1. potens (1): Nom. Sg. *m*
2. servabo (4): a-Konjug.
3. te (4): Rea Silvia
4. scio servos („Subjekt") Amulii eos iam in fluvium misisse („Prädikat") (5/6)
z.B. voce/deus/filios usw. – etiamsi

25.1
A Übersetzung
Schon lange belagerte (umringte) Porsenna, der König der Etrusker, mit seinen Soldaten (die Stadt) Rom. Da begab sich Caius Mucius, der erkannte, dass die Römer die Lasten des Krieges nicht länger tragen konnten, heimlich zum Lager der Feinde. Denn er hatte vor, den König zu töten. Irrtümlich tötete er aber nicht Porsenna, sondern einen anderen Mann. Der König befahl seinen Soldaten sofort, ihn zu ergreifen und rings um ihn ein Feuer anzuzünden (ihn mit Flammen zu umgeben), weil er die Tapferkeit des jungen Mannes erproben wollte. Mucius aber sagte: „Ich bin römischer Bürger. Auch wenn du mich tötest, wirst du die Römer nie besiegen. Denn nach mir wird eine große Zahl von Männern kommen, von denen dich einer töten wird." So sprach er und streckte seine rechte Hand in die Flammen.
B
1. a) circumdabat: Impf. – circumdat – circumdabit – circumdedit
b) vinces: Fut. – vincis – vincebas – vicisti
c) sum: Präs. – eram – ero – fui
d) animo tristi – viri nobiles – virtutes Romanas – onera magna

25.2
1. Übersetzung

Nachdem sie mit Hilfe der Hirten Amulius getötet hatten, erzählte Romulus Remus, was er vorhatte. Er sagte: „Ich werde den Ort suchen, wo uns die Wölfin gefunden und genährt hat. Denn ich glaube, dass dort, wo Menschen mit wilden Tieren in Frieden gelebt haben, die Götter anwesend sind. Hier wird unser Volk in einem mächtigen und glücklichen Vaterland leben. Deshalb werden wir hier eine Stadt gründen, die wir mit Mauern umgeben (werden). Wer die überwinden will, wird ein Feind sein und den werde ich hinrichten."
Nachdem sie den Ort gefunden hatten, markierte (zeigte) Romulus mit einem Pflug die Grenzen der Stadt, wo er die Mauern errichten wollte. Remus aber beachtete diese Zeichen nicht und sprang darüber. Da entstand ein heftiger Streit zwischen den Brüdern und Romulus tötete in wildem Zorn Remus.
2. contenti
3. a) erunt: 3. Pers. Pl. Fut. – esse – sie werden sein b) gaudes: 2. Pers. Sg. Präs. – gaudere – du freust dich c) agemus: 1. Pers. Pl. Fut. – agere – wir werden handeln

26
1. Übersetzung
Krösus, der König von Lydien, schickte einige Männer zum delphischen Orakel. Sie fuhren mit einem schnellen Schiff über das Meer und eilten mit schnellem Lauf nach Delphi. Mit großer Furcht näherten sie sich dem Tempel Apollons, während sie in den Händen die Geschenke hielten, die sie den Priestern und der Pythia geben wollten. Sie fragten: „Krösus will mit den Persern einen gewaltigen Krieg führen. Was rätst du, Apollon?" Nachdem sie die Pythia gehört hatten, gaben die Priester eine sonderbare Antwort: „Wenn Krösus seine Soldaten über den Halys führt, wird er ein prächtiges Reich zerstören."
2. celeri: Abl. Sg. *f* – celeri: Abl. Sg. *m* – magno: Abl. Sg. *m* – ingens: Akk. Sg. *n* – praeclarum: Akk. Sg. *n*

27.1
A Übersetzung
Schon lange lebten die Menschen, die Prometheus mit seinen Händen geschaffen hatte, auf Erden. Schon erfreuten sie die Götter und Göttinnen in gewaltigen Tempeln mit Opfern, weil die Unsterblichen sie verschiedene Fertigkeiten gelehrt hatten. Denn durch die Hilfe der Ceres hatten sie verstanden, wie man Felder bestellt; Bacchus aber hatte ihnen den Wein gegeben und sie darin unterrichtet, angenehm zu leben und sich an Schauspielen zu erfreuen. Aus den Händen des Mars hatten sie den Bogen und andere grausame Waffen, mit denen sie sich verteidigten, erhalten. Eines aber fehlte: medizinische Kenntnisse hatten sie noch keine erworben (den Gebrauch der Medizin hatten sie noch nicht gelernt). Deshalb quälten sie (ihre Körper) viele Krankheiten und schreckliche Schmerzen. Weil sie mit trauriger Miene zum Himmel blickten, half ihnen schließlich Asklepius, der Sohn Apollons.
B
1. a) dedisti: 2. Pers. Sg. Perf. – dederas b) debetis: 2. Pers. Pl. Präs. – debuistis c) es: 2. Pers. Sg. Präs. – eras d) ridebam: 1. Pers. Sg. Impf. – ridebis e) dividebant: 3. Pers. Pl. Impf. – dividunt
2. a) hostias: hostia: Opfertier b) delectas: delectare: erfreuen c) eas: ea: diese, sie d) didiceras: discere: lernen e) crudelitas: crudelitas: Grausamkeit
3. a) tristibus vultibus b) crudele sacrum c) manus humana d) saevi arcus e) magni montes

27.2
1. sument – sumunt – sumebant – sumpserunt – sumpserant
facies – facis – faciebas – fecisti – feceras

delectabo – delecto – delectabam – delectavi – delectaveram
petent – petunt – petebant – petiverunt – petiverant
narrabit – narrat – narrabat – narravit – narraverat
2. Übersetzung
Jupiter, der Göttervater, war ein harter und grausamer Tyrann, den alle, Götter und Menschen, fürchteten. Prometheus aber liebte die Menschen und unterstützte sie gegen Jupiter. Er brachte ihnen viele Fertigkeiten bei. Sogar das Feuer raubte er aus dem Olymp und brachte es heimlich zu den Menschen. Schließlich legte der erzürnte Jupiter Prometheus in Fesseln und bestrafte ihn grausam.
3. *Deinde* deus (S) vultu laeto (AB) Musas (O) ad domos pulchras deorum (AB) ducit (P), quae (S) in monte Olympo (AB) sitae sunt (P). *Dum* deae deique (S) *ibi* iucunde (AB) cenant (P), Apollo (S) carminibus (AB) omnes (O) delectat (P).
4. petiveras – temptaverat – dederant – habueratis – ceperamus

27.3
1. Übersetzung
Einst kam Herkules zum (Berg) Kaukasus. Dort sah er den an den Berg gefesselten Prometheus und einen Adler, der sich Prometheus näherte.
„Was macht dieser grausame Vogel?" fragte Herkules.
Prometheus antwortete: „Jupiter hat den Adler zu mir geschickt und peinigt mich so mit furchtbaren Qualen. Denn ich habe den Menschen das Feuer gegeben und ihnen andere Fertigkeiten beigebracht, die der Vater der Götter und Menschen ihnen verboten hatte. Denn die Menschen hatten ohne Feuer und Kenntnisse (Fertigkeiten) im Elend (ein elendes Leben) gelebt."
Herkules: „Woher hast du das Feuer gebracht?"
Prometheus: „Ich war zum Himmel emporgestiegen und hatte eine Fenchelstaude an die Sonne gehalten (zur Sonne bewegt), mit der ich das Feuer zu den Menschen brachte."
Herkules: „Ich lobe dich sehr, aber dein Unglück bewegt mich. Von Jupiter aber glaube ich, dass er grausam ist /Jupiter aber halte ich für grausam."
Dann tötete Herkules den Adler mit seinen Pfeilen und befreite Prometheus.

2. 1. fortiter – 2. audacter – 3. iucunde – 4. sapienter

28.1
Übersetzung
Die Freundinnen der Europa schrien: „Wohin trägst du das Mädchen, Stier? Wir haben große Angst und sind sehr aufgeregt. (Wir werden von großer Angst aufgeregt). Ihre Kleider werden nass, während sie von dir durch das Meer getragen wird. Bringe sie an Land!" Der Stier aber antwortete nichts, sondern schwamm schnell (eilte) durch die Wellen. Die Freundinnen wussten nicht, dass er sich später in einen Gott verwandelte (er später in einen Gott verwandelt wurde).
1. Quo puella a te ducitur?
2. Dum eam per mare portas.
3.
sollicitamur: 1. Pers. Pl. Präs. Pass.
irrigantur: 3. Pers. Pl. Präs. Pass.
portatur: 3. Pers. Sg. Präs. Pass.
mutari: Inf. Präs. Pass.

28.2

Übersetzung

Von Prometheus wird den Menschen das Feuer gegeben; deshalb bestraft ihn Jupiter. Denn er hat verboten, dass den Menschen von Prometheus geholfen wird. Nun erleidet Prometheus schreckliche Qualen (Nun wird Prometheus mit schrecklichen Qualen versehen). Ein Adler verletzt seine Leber schrecklich (heftig). Schließlich kommt Herkules dazu und sieht den Adler wegfliegen. Prometheus erklärt: „Ich werde ständig von ihm gequält.“

1. Prometheus hominibus ignem dat.
2. A Iove punior.
3.

datur: 3. Pers. Sg. Präs. Pass.
adiuvari: Inf. Präs. Pass.
avolare: Inf. Präs. Akt.
vexor: 1. Pers. Sg. Präs. Pass.

29.1

Übersetzung

Daedalus, der über eine große Begabung verfügte, lebte lange in seiner Heimat. Nachdem er mit seiner Fertigkeit viele erstaunliche Wunderwerke erfunden hatte, brachte er Talus, einem eifrigen jungen Mann, sein Wissen bei. Später aber erkannte er, dass er schon von Talus an Geschicklichkeit übertroffen wurde. Deshalb brachte er ihn um. Da musste Daedalus hart bestraft werden. Aber bevor er bestraft werden konnte (vor der Strafe) floh er mit seinem Sohn Ikarus nach Kreta, wo sie von König Minos freundlich begrüßt wurden.

Damals litt Kreta unter dem schrecklichen Minotaurus (wurde Kreta von dem schrecklichen Minotaurus gequält), der viele Menschen verschlang. Wir wissen, dass Dädalus für ihn das Labyrinth baute.

1. inventa sunt (2)
2. puniri (5): gleichzeitig
3. multa (2)
4. cui (9): Dat. – ja
5. patria sua: Abl. nach Präp. – arte: Abl. des Mittels

29.2

I. Übersetzung

1. Dädalus und sein Sohn Ikarus waren auf (der Insel) Kreta vom weiten Meer eingeschlossen.
2. Ein einziger Weg stand Vater und Sohn offen: sie mussten durch die Luft fliegen.
3. Deshalb sammelte Ikarus Federn.
4. Aus den vom Sohn gesammelten Federn machte Dädalus Flügel.
5. Nun schwebte der Sohn, den der Vater unterwiesen hatte, in der Luft.
6. Wir alle wissen, dass Ikarus nicht auf der richtigen Bahn flog, obwohl Dädalus ihn gewarnt hatte.
7. So stürzte Ikarus ins Meer und kam um (wurde getötet).

II.

a) collecti erant b) victi eramus c) inventi estis d) claudebatur
a) cepi b) colebant c) solvit d) rapuerant
a) oculus: *m* b) fecerat: Sg.
claudebam – claudebat – claudebatur – clausus est – clausus erat – clauserat – claudit – claudo

30.1

A 1. Übersetzung

Einst ging Ceres mit ihrer Tochter Proserpina auf (der Insel) Sizilien in der Nähe des Strandes spazieren. Während Ceres Felder und Früchte betrachtete, ging die Tochter von der Mutter weg während sie viele verschiedene Blumen sammelte. Da wurde sie von Pluto, der ein Bruder Jupiters ist, beobachtet. Der König der toten Seelen war nämlich schon lange von Liebe zu dem schönen Mädchen ergriffen. Deshalb schleppte er sie von süßem Verlangen ergriffen in sein Reich: Plötzlich öffnet sich die Erde und das unglückliche Mädchen, das laut „Mutter" schreit, wird in der Finsternis eingeschlossen.

Pluto musste sich nämlich eine Frau rauben, da weder ein Mädchen, noch ein Frau Königin in der Unterwelt sein wollte.

2. filia ... flores colligens - rex ... amore .. captus - (rex) desiderio ... commotus - puella ... matrem ... clamans

B

1. a) conspicit: 3. Pers. Sg. Präs Akt.

b) discessit: 3. Pers. Sg. Perf. Akt.

c) observata est: 3. Pers. Sg. Perf. Pass. *f*

d) clauditur: 3. Pers. Sg. Präs. Pass.

2. a) ratio victa: Nom. Sg.

b) virginibus raptis: Dat. Pl.

c) hominis clausi: Gen. Sg.

d) desiderio petente: Abl. Sg.

e) puellae colligentes: Nom. Pl.

30.2

1. solvens – solutus; capiens – captus; reddens – redditus; docens – doctus; adiuvans – adiutus

2. a) Die von dem Herrn gerufenen Sklaven kamen nicht. – Nachdem der Herr sie gerufen hatte, kamen die Sklaven nicht. – Die Sklaven kamen nicht, obwohl der Herr sie gerufen hatte.

b) Der in die Unterwelt hinabsteigende Orpheus sah die Seelen der Toten. – Während Orpheus in die Unterwelt hinabstieg, sah er die Seelen der Toten. – Bei seinem Abstieg in die Unterwelt sah Orpheus die Seelen der Toten.

c) Die im Gras sich verborgen haltende Schlange wurde von Eurydike berührt. – Die im Gras verborgene Schlange wurde von Eurydike berührt. – Eurydike berührte die Schlange, weil sie im Gras verborgen war.

d) Dem betörend (süß) singenden Orpheus widerstanden die Götter nicht. – Als Orpheus betörend (süß) sang, widerstanden ihm die Götter nicht. – Die Götter widerstanden Orpheus nicht, weil er angenehm sang.

3. a) Servi non venerunt. b) Serpens ab Eurydica tacta est. c) Dei Orpheo non restiterunt.

4. Übersetzung

Deshalb befahl er seinem Sohn, viele Federn zu sammeln. Die gesammelten Federn wurden von Dädalus mit Wachs verbunden. Auf diese Weise wurden mit bewundernswerter Kunstfertigkeit Flügel hergestellt. Zuerst versuchte der Vater, mit den Flügeln zu fliegen; dann brachte er auch seinem Sohn die neue Kunst bei.

„Auch ich schwebe (von dir belehrt) in der Luft, wie du es mir beigebracht hast. Bald werden wir durch deinen Erfindungsgeist befreit (sein). Endlich wurde die Natur von der menschlichen Vernunft besiegt."

31
1. Übersetzung
In Thrakien lebte einst Orpheus. Indem er reizende Lieder sang, bewegte er nicht nur Menschen, sondern sogar wilde Tiere und Steine. Weil seine Frau Eurydike von einer Schlange getötet worden war, stieg er von Sehnsucht bewegt in die Unterwelt hinab. Auch hier bewegte er (die Herzen von) Proserpina und Pluto durch seinen schönen Gesang (schön singend). Weder der König, noch die Königin der Unterwelt konnten Orpheus widerstehen (widerstanden Orpheus), der/als er mit rührenden Liedern um seine Gattin bat. Aber sie stellten ihm eine Bedingung.
2.
A restiterant – resistunt – resistent – restiterant – resistebant
B vixit – vivet – vixerat – vivit – vivebat
3.
A von Sehnsucht bewegt – weil er von Sehnsucht bewegt wurde
B mit schönem Gesang – indem er schön sang
4.
A commoventi B petitorum
5.
A Fortuna Graecorum ante Troiam pugnantium misera erat.
B Prometheus hominibus misere viventibus ignem dat.

32.1
1.
Mater exspectat:
Liberos laborem facturos esse.
Liberos post cenam cucinam administraturos esse.
Marcum in horto laboraturum esse.
Claudiam ad tabernam ambulaturam et cibos apportaturam esse.
2.
a) Amicae Lydiam adiuvaturae sunt.
b) Pater portam villae clausurus est.
3. Übersetzung
a) Einst befahl ein Tyrann einem berühmten Lehrer: „Bringe dem Esel bei, Lyra zu spielen!“ Der Lehrer, der den Zorn des Tyrannen fürchtete, sagte: „Gewähre mir viele Jahre!“ – „Wie viele Jahre?“ – „Zehn Jahre.“ – Der Tyrann gewährte dies dem (bittenden) Lehrer auf seine Bitte hin. Die Freunde, die um den Lehrer herumstanden, lachten: „Du wirst dem Esel nicht beibringen, Lyra zu spielen.“ Der Lehrer aber sagte: „Es besteht keine Gefahr. Nach zehn Jahren wird einer tot sein: entweder der Tyrann oder der Esel oder ich.“

b) Der Architekt Vitruv muss sich um viele Angelegenheiten kümmern (leitet viele Angelegenheiten). Er hat zwanzig Mitarbeiter (Ihm helfen zwanzig Männer). Gestern fehlten drei Mann. Deshalb waren siebzehn Männer anwesend. „Wo seid ihr gewesen?“, fragt der Architekt. Einer von den Männern antwortet: „Ich war nicht da (weg), weil ich krank war.“ Zwei Männer waren nicht da, weil sie bei einem Freund des Architekten eine Statue aufgestellt haben.

32.2
1. Übersetzung
Der Lehrer befiehlt Markus, die Tafel zu reinigen.

Markus schreit mit lauter Stimme: „Dieses Amt überträgt der Lehrer immer mir, um mich zu quälen. Ich hoffe, dass eure Lehrer euch nicht derart quälen werden. Es muss doch wohl nicht sein, dass wir immer die Tafel sauber machen.
Unser Lehrer hat mir dieses „Ehrenamt“, das in Wirklichkeit harte Arbeit ist, übertragen, weil er meint, dass ich die Sache gut mache(n werde).“
Der Lehrer (der die gereinigte Tafel betrachtet): „Gut! Du hast deine Pflicht erfüllt, Markus!“ Markus freut sich über diese Worte.
2.
a) Magistros vestros ... affecturos non esse spero: nachzeitig
b) Tabulam ... purgari necesse est: gleichzeitig
c) ... existimans me ... facturum esse: nachzeitig
3. Marcus ... clamans – magister ... affecturus – magistros ... affecturos – magister ... existimans – me facturum
4.
a) Dormisne?
b) Num dormis?
c) Quis dormit?

33.1
1. Übersetzung
Cornelius, ein vornehmer junger Mann, kommt aufs Forum. Was hört er dort Neues? Ein Freund erzählt ihm, dass Cäsar sich um das Konsulat bewerben will (wird).
Auch Cornelius will die politische Laufbahn einschlagen (sich dem Staat widmen). Er hofft, dass auch er Konsul werden wird. Vorher aber muss er die Ämterlaufbahn, d. h. vier Stufen, absolvieren (durchlaufen). Aber er hofft, dass ihn viele Bürger unterstützen und zum Konsul wählen werden. Er weiß sehr wohl, dass dieses Amt nicht nur Ehre, sondern auch Arbeit bedeutet (ist). Denn ein großes Reich – wie das römische – zu verwalten, ist eine schwierige Sache.
2. b) tres – quattuor – novem – duodecim – viginti – undeviginti – centum – mille

33.2
1. Übersetzung
Dädalus, der auf Kreta von allen Seiten eingeschlossen war, hatte vor, die Insel zu verlassen. Aus am Strand gesammelten Federn machte er Flügel, um durch die Luft zu fliegen. Sein Sohn Ikarus freute sich sehr, als er in der Luft schwebte. Er sagte: „Ich hoffe, dass wir bald Kreta verlassen und nach Griechenland kommen (werden). Dädalus (Jener) warnte ihn: „Es ist gefährlich (Es besteht Gefahr), wenn du der Sonne zu nahe kommst.“ Aber die Flügel des Sohnes (, der nicht gehorchte,) lösten sich in der Sonnenwärme auf (wurden durch die Sonne gelöst), weil er nicht gehorchte.
2.
a) der eingeschlossene Dädalus
b) weil er fliegen wollte
c) in der Luft schwebend
d) des ungehorsamen Sohnes
3.
a) colligere – colligo – collegi – collectum
b) facere – facio – feci – factum
c) pervenire – pervenio – perveni – perventum

34.1
1. Übersetzung
Einer von den Männern, die Ball spielten, schlug den Ball heftig. Der traf (stieß) einen Barbier, der einen Sklaven rasierte. Der Barbier tötete den Sklaven mit dem Rasiermesser.
Wer hatte Schuld?
Doch wohl der Barbier, der beim Rasieren den heranfliegenden Ball hätte sehen müssen?
Oder der Mann, der den Ball allzu heftig schlug?
Wohl nicht der rasierte Sklave, der auf die nahende Gefahr nicht achtgegeben hatte?
2. a) beim Rasieren eines Sklaven b) der heran flog c) weil er ... schlug
dass Gefahr nahte
3.
a) ludere – ludo – lusi – lusum b) interficere – interficio – interfeci – interfectum c) videre – video – vidi – visum

34.2
Übersetzung
Die Familie des Architekten lebte in einem vornehmen Haus neben einer kleinen Brücke (neben einer kleinen Brücke gelegenen Haus). An einem Tag lud die Frau des Architekten aus Verschwendungssucht zwanzig Freunde und Freundinnen zum Essen ein. Das Mahl war nicht einfach, sondern in elf Gänge (Teile) unterteilt. Deshalb gab sie drei Sklaven, die die Befehle der Herrin erwarteten, einige Täfelchen, auf die sie die Dinge geschrieben hatte, die die Sklaven kaufen mussten.
„Alle diese Dinge“, sagte sie, „kauft ihr sofort auf dem Markt. Denn diese Speisen müssen bald für mein Gastmahl zubereitet werden. Denn am Abend werde ich nicht nur meine Freunde, sondern auch euch Sklaven und vier Fremde aus Hamburg mit vielen guten Dingen, die ihr mit eurer Arbeit zubereitet habt, erfreuen.“

34.3
A Übersetzung
1. Wer von euch weiß nicht, dass in Griechenland viele Philosophen lebten?
2. Es heißt, dass die Griechen die Römer in Philosophie und Kunst (Künsten) weit übertrafen.
3. Diogenes z. B. zeigte, dass sich die reichen Bürger dem Wohlleben hingaben und nicht danach fragten, wie man richtig lebt (nach dem richtigen Leben fragten).
4. Jener Philosoph äußerte Beschimpfungen, um seine Mitbürger zu reizen.
5. Ein anderer Philosoph war Sokrates, der im Jahre 479 v. Chr. in Athen geboren wurde.
6. Dieser Mann hat offenbar mit Freunden und Fremden heftig diskutiert, wobei er behauptete, nichts zu wissen, obwohl er alle Menschen an Klugheit übertraf.
7. Ein anderes Beispiel für einen Philosophen ist Archimedes, der in Syrakus lebte.
8. Es heißt, dass er von einem römischen Soldaten getötet wurde, während er geometrische Figuren zeichnete.
B 1. sprevit – cupivimus – detexerunt – edixisti – contraxistis
2. sectus – proiectus – visus – lacessitus
3. facere: machen – dicere: sagen – possidere: besitzen – adiuvare: helfen
C 1. pretium: Wert – liber: frei